STANISLAS DE GUAITA

Rosa Mystica

ROSA MYSTICA — FLEURS D'OUBLI
CHOSES D'ART — REMEMBER — EAUX-FORTES ET PASTELS
PETITS POÈMES

PARIS
ALPHONSE LEMERRE ÉDITEUR
27-31 PASSAGE CHOISEUL 27-31

1885

ROSA MYSTICA

IL A ÉTÉ TIRÉ DE CET OUVRAGE :

12 exemplaires sur papier de Hollande.
12 — — de Chine.
4 — — Whatman.

DU MÊME AUTEUR :

LA MUSE NOIRE, 1 volume.................. 3 Fr.

STANISLAS DE GUAITA

Rosa Mystica

ROSA MYSTICA — FLEURS D'OUBLI
CHOSES D'ART — REMEMBER — EAUX-FORTES ET PASTELS
PETITS POÈMES

PARIS
ALPHONSE LEMERRE ÉDITEUR
27-31 PASSAGE CHOISEUL 27-31

1885

ROSA MYSTICA

PRÉFACE

I

Faire attendre son hôte à l'antichambre est d'un impertinent sans gêne, et peu de visiteurs seraient curieux d'un pareil accueil. Ce n'est pas qu'on n'y puisse trouver quelque intérêt : j'ai vu des vaniteux orner un vestibule du meilleur de leurs meubles, et tel, sur son escalier, fait étalage de tapis orientaux, qui prive son alcôve d'une descente de lit.

Il en est ainsi des préfaces, dont l'étude ne serait pas sans enseignement ; mais les curieux n'ont garde de l'affronter. Pascal nous marquerait un motif encore de la défaveur où le public tient ces sortes d'avant-propos : l'auteur y trace volontiers son portrait, et la modestie extrême, dont il a coutume de vêtir ses qualités de fat, ne contribue pas médiocrement à les faire valoir. — De fait, celui-là est un brave, qui s'aventure dans les hasards d'une préface, tant il en est à mourir d'ennui !

Sans me flatter d'une exception à la Norme, je voudrais expliquer mon titre en deux lignes, et prendre prétexte de cette démarche auprès du public, pour saluer, devant lui, quelques maîtres, et serrer la main de ceux-là qui vaillamment luttent à mes côtés. — Je pourrais dédier ces notes à mes pères et à mes pairs.

La Rose que je vous invite à cueillir — ami bienveillant qui feuilletez ces pages — ne fleurit pas aux rives des contrées lointaines ; et nous ne prendrons, si vous voulez, ni l'express, ni le transatlantique.

Êtes-vous susceptible d'une émotion vive de l'intel-

lect? et vos pensers favoris vous hantent-ils jusqu'à vous donner parfois l'illusion du réel?... — Vous êtes donc magicien, et la Rose mystique ira d'elle-même, pour peu que vous le vouliez, fleurir en votre jardin.

Le mysticisme! toute la poésie est là. — Aspirations follement fraternelles de nos cœurs vers d'imaginaires créatures, ou vers la nature personnifiée et sensibilisée; — ténues et surprenantes affinités que rien n'explique; — vague et précieux besoin dont se tourmentent nos esprits, de deviner l'inconnu, de pénétrer l'impénétrable et de peupler le vide; — charme infini des émotions illusoires, de quoi nous pleurons, les sachant telles; — attrait impossible à définir de ce que la pensée sublimée, le sentiment égaré, la sensation exacerbée ont de plus ineffable et fugace — ou de plus intense et vibrant : toutes ces choses ont droit de cité en poésie. — Que dis-je? La poésie en est faite.

Le mysticisme? C'est l'amour de nos cœurs pour les songes de nos cerveaux; c'est ce qui nous fait haïr du vulgaire; ce qui fait de nous des proscrits!

*
* *

M. Joseph Prudhomme n'a point encore rappelé

les poëtes de leur misérable exil : il attend, pour jeter sur eux un regard de bienveillant encouragement, qu'ils fassent amende honorable et en reviennent à la « véritable poésie. » — Ah ! tant que des hommes de génie, ou de la plus piteuse nullité — (cela importe peu), ont traduit leurs idées en vers incorrects, où ami rimait avec ainsi et avec lui[1], M. Joseph Prudhomme a battu des mains : on peut, après tout — n'est-ce pas ? — excuser les emportements de la jeunesse et tolérer une idée sublime, pourvu qu'elle soit rendue en détestable français ? — Mais quand le grand dictateur a vu la sécurité publique menacée par la fondation d'une école, que patronnaient MM. Leconte de Lisle, ce barbare ! — de Banville, ce funambule ! — et Mendès, ce topinambou hermétique ! — lors, justement alarmé des prétentions qu'affichaient les sectaires, de rimer exactement et d'éviter les fautes de français, il a cru devoir sévir, et prononcer contre tous les poëtes la peine de l'exil.

Pauvres deshérités du bonheur et de la gloire, exilés maudits de notre patrie de naissance, si nous chérissons tant la patrie d'élection, c'est qu'il nous est

---

[1] Rimes d'Alfred de Musset.

donné d'y pouvoir mentir à l'aise — mentir effrontément et naïvement, mentir avec attendrissement et délices — à l'ingrate perversité de nos semblables, non moins qu'à l'inéluctable écœurement de nos destinées finales! A cette heure où le Pessimisme, (cette religion amère des sacrifices inutilement consommés et du néant douloureusement acquis), est devenu la foi commune des penseurs, et — comme un vaste incendie où s'abîment nos dernières espérances — frappe de ses éclairs sanglants les fronts qui dominent; à cette heure où le réel se manifeste plus décevant que jamais, plus stérile et hideux, sommes-nous pas privilégiés, poëtes paisibles, qui nous réfugions dans l'illusion réconfortante du rêve et les nobles mensonges de l'art?

*
* *

— Prophètes décriés d'un art nouveau, grands méconnus de la multitude, je voudrais vous dire ici que je vous vénère et vous aime! Grâce à vous, la France a ses chefs-d'œuvre lyriques, enfin, et de récents noms de gloire à inscrire aux murailles de son Panthéon. Dans le cœur des enfants naïfs et des rêveurs adolescents, vos poëmes ont fait éclore l'amour du beau, comme une *impérissable fleur, et la sainte admiration, comme une aurore de génie!*

— Vous êtes les Initiateurs et les Aïeux, aèdes bardes, rhapsodes et poëtes de tous les temps, depuis l'aveugle Homère, faisant de l'histoire des primitifs Hellènes la bible farouche de l'héroisme, — jusqu'au proscrit Hugo, allumant l'épopée légendaire au long des siècles, comme une immense apothéose. Mais je vous glorifie entre toutes, Voix majestueuses qui dominez ce siècle, mariées en une savante et incomparable symphonie! — A toi d'abord, Père dont le nom est sur toutes les lèvres; à vous ensuite, ses dignes fils, salut au nom du plus humble et jeune de vos frères!

II

L'influence de Victor Hugo domine, comme chacun sait, tout le XIXe *siècle, à tel point que pas un poëte n'a pu s'y soustraire. — « Victor Hugo, (a dit Balzac), « c'est un grand homme : n'en parlons plus... »*

Pour l'influence de ces génies à prosodie facile — Lamartine et Alfred de Musset — dès longtemps elle n'est plus sensible : les scrupuleux artistes que sont les Parnassiens ont clos la bouche aux derniers valets de gloire de ces grands hommes, et ceux-là vraiment n'admiraient et ne pastichaient en ceux-ci que le versificateur équivoque — non le poëte au grand cœur.

Sans prétendre à classifier[1], *je noterai dès l'abord que deux maîtres, depuis quelque vingt ans, ont imposé leur esthétique à la jeune génération tout entière*[2], *et leurs procédés à bon nombre d'artistes estimables, mais*

---

[1] Je passerai sous silence, comme se rattachant plutôt au grand mouvement de 1830, de superbes poëtes, comme TH. GAUTIER et LOUIS BOUILHET.

[2] Je ne veux parler que des poëtes.

un peu dociles. L'un est mort : Charles Baudelaire ; l'autre, M. Leconte de Lisle, domine encore, de toute la hauteur de son talent, la fière cohorte de ceux qui, à cette heure de prose envahissante, ont foi toujours en l'immortalité de la langue rimée : sacré héritage, forme suprême de l'art, née du génie même de notre nation et perfectionnée par les Ronsard, les Corneille, les Hugo et les Th. Gautier !

*
* *

Charles Baudelaire est le plus grand novateur de notre ère poétique, le plus robuste dompteur de langue qui se rebelle — Th. Gautier compris. Il a forcé le Verbe en ses plus mystérieux retranchements, il en a rasé les dernières murailles.

Veut-il définir l'indéfinissable[1] ? — Il évoque des analogies, et, pour donner l'impression d'une chose, n'hésite pas à transposer le parfum en couleur ou en sonorité, la forme en rhythme :

« Il est des parfums frais comme des chairs d'enfants,
« Doux comme le hautbois, verts comme les prairies...

[1] Il est d'excellentes et fort complètes études sur Baudelaire. (TH. GAUTIER : *Notice sur Baudelaire*. — PAUL BOURGET : *Psychologie contemporaine*. — MAURICE BARRÈS : *La sensation en*

« Vous êtes un beau ciel d'automne, clair et rose...

« Je suis un vieux boudoir plein de roses fanées
« Où gît tout un fouillis de modes surannées,
« Où des pastels plaintifs et de pâles Boucher
« Seuls, respirent l'odeur d'un parfum débouché... »

Ou bien, dans la notice sur Edgard Poë :

« Comme notre Eugène Delacroix, qui a élevé son art à la hauteur
« de la grande poésie, E. Poë aime à agiter ses figures sur des fonds
« violâtres et verdâtres où se révèlent la phosphorescence de la pourri-
« ture et la senteur de l'orage. »

Et encore : (Il s'agit de l'Adorée).

« Son haleine fait la musique
« Comme sa voix fait le parfum !... »

Cet ingénieux procédé, que le poëte met en œuvre à toutes les pages de son livre, est un secret de sa pénétration. Mais il en résulte parfois que la langue s'affine et se subtilise au point de dérober la pensée au commun des lecteurs : un esprit très délié et des nerfs quelque peu malades sont « de rigueur », si l'on veut suivre partout Baudelaire. Nous reviendrons sur cet

littérature, etc.). Ceci n'est point une page de critique, mais une série de notes superficielles où je tâche à esquisser à peine quelques profils littéraires.

aveu, quand nous aurons touché un mot de divers procédés de forme familiers au poëte des Fleurs du Mal.

Ce despote qui, (pour accoupler de force au rhythme et au mot : pensée, sentiment, sensation), brutalise artistement son style — en sorte qu'il ne soit point défiguré, mais porte au front comme la terreur et l'humiliation de sa défaite — ce despote abdique souvent sa rigueur entêtée. Il est alors l'Orphée, ou mieux l'Amphion dont la magie créatrice s'exerce, non plus sur des pierres s'amoncelant en édifices — mais bien sur des mots, qui, à sa voix accourus, dociles à ses charmes, se mêlent et s'agencent en d'impérissables poëmes — spontanément : et le style se déploie, sans nulle trace de labeur; ample, rhythmique et musical, en sa sérénité. L'on dirait d'un fleuve au repos, bleu profondément, lent et majestueux :

« Je t'adore à l'égal de la voûte nocturne,
« O vase de tristesse, ô grande taciturne....

ou encore :

« Mère des Souvenirs, Maîtresse des maîtresses.. »

Au cours du livre, on relève des négligences de

forme — mais spécialement calculées et voulues. Gautier compare ce style « à ces étoffes d'Orient, à la fois solides et grossières, où les fils de soie et d'or se mêlent à des fils de chanvre rudes et forts..... où les plus délicats ornements courent, avec de charmants caprices, sur un poil de chameau bourru ou sur une toile âpre au toucher, comme une voile de barque. » Ce pittoresque rapprochement donne l'impression d'étrange sorte. C'est cela même.

Veut-on deux exemples de ces fautes d'un Impeccable ?...

Quel artiste ne voit point une ruse exquise et pleinement justifiée, dans cette rime indigente, révélatrice de paresse alanguie et d'abandon rêveur :

« Des esclaves nus...
« Qui me rafraîchissaient le front avec des palmes,
« Et dont l'unique soin était d'approfon-DIR
« Le secret douloureux qui me faisait lan-GUIR ? »

Ailleurs ne semble-t-il point qu'on sente le frais souffle du crépuscule avant-coureur de l'aurore, à lire ces deux vers d'une construction identique, si négligée et monotone :

« La Diane chantait dans la cour des casernes,
« Et le vent du matin soufflait sur les lanternes. »

C'est le langage du poëte à peine éveillé par la fraîcheur matinale et qui balbutie en se frottant les yeux. Je m'en tiens là, soucieux d'être sobre de citations; elles ne feraient pas défaut.

———

Comme tout grand poëte, Baudelaire est un symboliste : il drape ses plus belles conceptions du voile mythique, et derrière ses images les plus hardies, il est de profondes pensées. L'on resterait des heures à songer devant telle de ses pages, également suggestive pour l'esprit, l'imagination et les sens. « Le Rêve d'un curieux » est de celles-là.

Baudelaire est sentimental aussi, jusqu'à en être navrant, et son cœur saigne d'un éternel, impossible et violent amour; mais en cette passion même, si profonde et sincère, se révèle le fatal penchant de sa nature à l'étrange, au rare :

« Bizarre déité, brune comme les nuits,
« Au parfum mélangé de musc et de havane... »

Voyez-vous point là une preuve, après tant d'autres, de l'erreur où tombent ceux-là qui veulent voir en Baudelaire un mystificateur? — Extravagant, peut-être l'a-t-il été parfois, mais avec une parfaite loyauté, et naturellement.

Au reste, c'est comme poëte de la sensation qu'il est plus profondément original; et, si j'écrivais une étude — non des notes rapides et capricantes où je tâche à justifier mes enthousiasmes — je serais tenu d'appuyer très fort sur ce point.

La Sensation! Nul ne l'a creusée plus avant. — Vous qui retournez le scalpel de l'analyse en vos chairs frémissantes de plaisir ou frissonnantes de douleur, saluez votre maître! Prenez sa main, si le désir vous tourmente de plonger dans l'enfer de la sensation: Il ne craindra pas de descendre à vos côtés au septième cercle. Mais songez-y bien! Il n'est pas Virgile et vous n'êtes pas Dante; vous souffrirez avec lui et comme lui tous les tourments des damnés, vous subirez leurs affres éternelles, et, remontés à la lumière du jour, vous garderez au cœur l'incurable morsure du souvenir!...

Dans cette intensité de perception nerveuse, il faut voir une cause de l'antipathie vaguement effarée des bourgeois contre Baudelaire — voire de la haine robuste de certains lettrés. — Au demeurant, comme l'a dit M. Maurice Barrès, « Si des hommes d'esprit,

« et nombreux, se refusent à comprendre les Fleurs du
« Mal, sincères, ils ont raison. C'est ici une querelle
« de sensation. La logique des filiations, le soulignage
« de la critique n'y peuvent mais : vous sentez ou vous
« ne sentez pas[1]. »

On ne peut mieux dire. L'art sensationniste repose tout entier sur la conformité des tempéraments de l'artiste et du dilettante. Pour traduire les commotions voluptueuses ou pénibles de la moëlle et de l'encéphale, les mots sont des signes très imparfaits par quoi des natures similaires peuvent seules correspondre. Quelque fidèlement qu'il semble exprimé au moyen du verbe, l'état nerveux d'un individu reste aussi obscur — pour qui n'est capable d'en subir un pareil — qu'un problème de physique, pour celui dont l'esprit n'est point ouvert par l'étude aux choses de l'algèbre.

Avouons-le donc : Si les Fleurs du Mal sont en ce jour plus généralement goûtées qu'il y a quinze ans, c'est que le nombre s'est fort accru de ces natures extra-nerveuses et fiévreusement analystes, comme était celle de Baudelaire. — Ceci est de l'ordre physiologique, je suis même tenté de dire : pathologique, puisque nombre

---

[1] Psychologie contemporaine : la sensation en littérature.

de fils intellectuels du poëte se font gloire d'être des
« névropathes. »

On le voit : malgré toute mon admiration pour le
grand homme, je n'ai garde de voiler la pente pé-
rilleuse où aboutissent ses doctrines d'art.

Dans la poésie : Sensualité, M. Jean Moréas
rédige, sans s'y conformer, le programme des
outranciers du sensationnisme sombrant dans le réalisme
absolu[1]

> « N'écoute plus l'archet plaintif qui se lamente
> « Comme un ramier mourant au fond des boulingrins ;
> « Ne tente plus l'essor des rêves pérégrins
> « Traînant des ailes d'or dans l'argile infamante !
>
> . . . .
>
> « Viens humer le fumet — et mordre à pleines dents
> « A la banalité suave de la vie,
> « Et dormir le sommeil de la bête assouvie,
> « Dédaigneux des splendeurs des songes transcendants ! »

Baudelaire n'a jamais poussé si avant ses théories ma-
térialistes ; il est mystique jusqu'en la débauche, et ne
perd jamais de vue son farouche idéal, lorsqu'il plonge

---

[1] M. Moréas n'est pas de ceux-là. Son récent recueil, les Syrtes, le
place en deçà plutôt qu'au delà de Baudelaire. Ces vers sont d'une
forme achevée et d'un sentiment souvent exquis.

à l'égout des plus épouvantables réalités. Ses fantaisies macabres, si riches d'ardente ironie, de mysticisme dévoyé et de rousse splendeur démoniaque, sont des pantacles alarmants de la décadence et de la perversité modernes.

L'on affecte de s'indigner ou de ne comprendre pas. On crie sus à l'immoralité, sus au réalisme. — Baudelaire, un réaliste![1] — O sotte engeance prudhommesque aussi prompte au jugement téméraire qu'entêtée à l'erreur manifeste! Suffisance fétide! Hargneuse médiocratie régnante éternellement!...

— Lisez « la Charogne! » (s'exclame-t-on). — Oui certes! qu'on la lise, cette superbe poésie où la pourriture sert de repoussoir à la plus idéale des apothéoses : à la glorification de l'impérissable amour, en

[1] Dans une lettre (où M. le Marquis de Custine, homme d'esprit et de talent, rend grâces à Baudelaire, pour l'hommage de son livre), on lit, après de discrètes critiques, ces mots déplaisamment insinuatifs : — « Vous voyez, Monsieur, que je ne suis point un « réaliste! »

— « Ni moi non plus, » (réplique Baudelaire en une note). « Il « est présumable que M. de Custine qui ne me connaissait pas, « mais qui était d'autant plus flatté de mon hommage qu'il se sen- « tait injustement négligé, se sera renseigné auprès de quelque âme « charitable, laquelle aura collé à mon nom cette grossière « étiquette. » C. B.

ce monde et dans l'autre! Par un suprême paradoxe, le grand Barbey d'Aurevilly veut voir dans « la Charogne » le seul poëme spiritualiste du livre. Cette plaisanterie, en un article qui fut un plaidoyer, semble une feinte adroite, pour attirer l'attention sur le reste de l'ouvrage.

Quoiqu'il en soit de toutes ces opinions, une auréole de gloire posthume illumine le visage douloureux de Baudelaire — et ce martyr conscient d'un art meurtrier a, du fond de la tombe, magnétisé tout son siècle, qui tourne, de plus en plus, au tourbillon de son verbe troublant et ensorceleur!...

L'exagération de l'impressionnisme Baudelairien a conduit MM. Paul Verlaine et Stéphane Mallarmé aux limites extrêmes du déchiffrable. C'est plus que l'emploi du symbolisme hermétique substitué à l'emploi du Verbe; c'est parfois un cliquetis énigmatique de vocables sonores, évoquant confusément la donnée d'une forme ou d'une couleur, ou le monogramme d'un concept; puis, çà et là, des bribes de phrases abstraites. C'est de ce chaos, qu'à force de confronter l'analyse et la synthèse des analogies, des transpositions d'art, des antithèses de formes, l'on parvient à dégager l'Idée-mère — à extraire la pierre philosophale de la pensée. — J'exagère un peu pour M. Verlaine; moins toutefois qu'on ne pourrait croire; pour M. Mallarmé, je reste au-dessous de la vérité. Cet abus de procédés suggestifs est déplorable, à vrai dire, chez des poëtes de haut parage, comme celui des « Fenêtres » et celui de « Sagesse. »

Sans atteindre à ce point d'obscurité, MM. Charles Vignier et Charles Morice, tous deux passionnés admirateurs de Mallarmé, sont des champions de l'extatisme ésotérique en art. Rhythmistes savants, ennemis jurés de l'éloquence, et outranciers de la demi-teinte, ils rivalisent de subtilités mièvres, dans leur effort à traduire de délicieuses et fugaces impressions. Je ne leur ferai point un crime d'avoir quasi divinisé leur maître : l'enthousiasme est une religion dont il messiérait de médire, car elle dénote à coup sûr de la grandeur d'âme; et, chez les gens de lettres, un généreux cœur ne va guère sans un beau talent.

Paul Verlaine, affirmant déjà dans les « Poëmes Saturniens, » (1865) un tempérament très original, semblait frère puy-né plutôt que fils de Baudelaire. Il se révélait en outre grand peintre en vers, d'une touche sûre et intense : à lire « la Mort de Philippe II, » croit-on point rêver devant le chef-d'œuvre d'un maître de la grandesse espagnole ? Des livres postérieurs accusent plus nettement encore sa personnalité : La pensée s'y développe, plus féconde, plus subtile et pourtant moins contournée ; il est d'adorables poésies, dans « Sagesse » : des escarboucles superbes et d'ineffables opales brillent pêle-mêle parmi des cristaux trop enfumés, dans cet écrin doublé de liturgique velours violet. « Jadis et Naguère » est un livre très mêlé où d'exquises « fumisteries » côtoient des vers d'une ampleur qui étonne :

> « Je suis l'empire à la fin de la décadence,
> « Qui regarde passer les grands barbares blancs...

Nul, plus que Verlaine, ne brise le vers et le rhythme, mais sa concision ellyptique n'exclut pas la douceur, en ces poésies aux nuances ondoyantes, fuyantes à l'infini... Pour imagé qu'il soit, et coloré, le style de ses meilleures pages semble, on ne sait trop comment, immatériel.

M. Mallarmé, pour la construction externe, n'a guère modifié le vers de Leconte de Lisle : pompeux, métallique, un peu roide. Des rejets plus multipliés, et une concision toute latine — à la Perse — l'en distinguent à peine. Derrière cette muraille de métaphores soudées, l'idée demeure au second plan. Toute l'ambition du poëte est de donner l'impression vive.

*
* *

M. Maurice Rollinat, un baudelairien plus baudelairien que Baudelaire, raffine encore sur les plus étranges sensations, mais s'en explique très clairement; et, pour être d'une alarmante acuité, ses « Névroses » n'en sont pas moins accessibles — sinon supportables — à tous les nerfs. Quand M. Rollinat tombe dans le galimatias, ce n'est point qu'offrant au lecteur le plaisir d'une interprétation laborieusement méritoire, il marie pêle-mêle, parmi des hiatus de pensée, tels vocables suggestifs d'un son, d'une forme, d'une couleur... Exemple :

> « Le soleil...
> « L'Enveloppé, l'enveloppant,
> « Tout subit sa grande friture,
> « Et, jusque dans la sépulture
> « Il s'inocule et se répand,
> « Le soleil, ami du serpent ! »

C'est ici un autre ordre de confusion et d'obscurité. De telles tares ne sont heureusement pas fréquentes en son livre.

Je pense, au reste, qu'en reprenant trop filialement les traditions d'Edgar Poë et de Baudelaire, M. Rollinat a mis, en son œuvre macabre, beaucoup de lui. Le curieux poëme : « La Peur » me semble le type le plus achevé où se révèle sa conception particulière du fantastique — du « fantômatique », pour parler son langage. C'est la maladive hallucination d'un rustique énervé. — Rustique, M. Rollinat l'est assurément, et ses tableaux campagnards ne sont pas de ses compositions les moins frappantes et personnelles. Il a le sens très intime des choses de la nature qu'il peint à merveille, et plusieurs sont d'accord pour voir, dans cette intelligence spéciale, le meilleur de son talent.

*
* *

A côté de Baudelaire, nous avons nommé M. Leconte de Lisle : c'est que tous deux partagent vraiment ce royal privilège d'être sans cesse imités, jamais atteints, et je dis « atteints » aux deux sens où l'on peut entendre ce mot.

Ce qui frappe l'observateur dès un premier examen, chez M. Leconte de Lisle, c'est la « Force ». Son œuvre entière, comme aussi sa personne, en porte la caractéristique empreinte. Soit qu'à larges coups de pinceau prodiguant les plus ardentes couleurs, il fasse surgir à nos yeux les magnificences d'une exotique nature, engourdie sous l'écrasement de la lumière tropicale; — soit qu'il évoque, en sa virile mélancolie, la beauté mystique des cultes, qui s'éteignent aux horizons noirs du nihilisme contemporain; — soit encore que, vibrante de colère, sa voix éclate sur les égorgeurs du moyen âge, comme un coup de foudre; — toujours la force se manifeste et domine en ses vers : hurlante, déchaînée, enragée — ou sereine et harmonieuse.

La touche est ferme; le rhythme puissant et large — un peu raide et âpre aussi. A ce propos, au risque de sembler pédant, j'avoue qu'un vers d'Horace susure dans les profondeurs de ma mémoire :

Non satis est pulchra esse poëmata : dulcia sunto....

Leconte de Lisle a peine à exprimer les sentiments doucement tendres et naïfs ; ses tentatives en ce genre sont loin d'être toujours heureuses. Sans doute « Christine » fourmille de vers charmants ; mais sous l'effort soutenu de simplicité, sous la contrainte de mansuétude, perce une rudesse native par où cette contrainte devient sensible à l'excès: si bien que la naïveté voulue puisse paraître un peu gauche; tel bourgeois dirait: « empruntée ». — A cette critique, la Sagesse des Nations répondra sans doute que pour ne pas se plier aisément aux mièvreries câlines, le lion n'en est pas moins un noble et superbe animal — souple en sa grâce robuste, qui vaut bien le charme piquant. Je ne fais point refus d'en convenir.

Leconte de Lisle est parent de Th. Gautier et de Louis Bouilhet. Avec ce dernier surtout, les analogies sont frappantes: — même philosophie positiviste et panthéistique, clémente aux religions défuntes; même souci des exotiques paysages et des splendeurs orientales; même amour des civilisations antiques ou primitives et même zèle à reconstruire les temps préhistoriques[1], même ampleur de forme enfin. D'ailleurs, et

---

[1] Comparez « les Fossiles » et « Qaïn ». Ce rapprochement est une curieuse antithèse aussi : Bouilhet s'efforce surtout à la genèse des formes; son poême est plutôt plastique. — Chez Leconte de Lisle domine le souci philosophique, et la restitution matérielle n'a guère qu'une valeur de mise en scène : c'est un cadre aux *idées incarnées* du Penseur-artiste.

pour compléter la filiation, il importe de remonter à Alfred de Vigny, le grand poëte stoïcien: malgré d'apparentes antinomies, c'est lui l'aïeul véritable; mais combien Leconte de Lisle a perfectionné l'outil artistique!

Il n'est guère possible de concevoir forme plus parfaite que la sienne. Le vers, tout d'abord, riche de ciselures, au timbre vibrant et limpide, au reflet d'or neuf, éveille l'illusion d'une superbe et massive médaille, pure d'alliage et récemment frappée. — D'autre part s'accuse le ferme dessin de la période, variée parmi la variété des rhythmes — lesquels sont rares et d'une exquise audace, ou parfois d'une savante simplicité. Que dire du langage, sinon qu'il est grandiose et grandiloque, souple à plusieurs genres, (non point à tous encore!) à l'excès correct, bien que hardi; d'une spéciale harmonie, âpre, stridente et métallique, résultant du cliquetis de vocables cuirassés de consonnes — robustement? Sommes-nous assez loin de la mélodie Lamartinienne, ondoyante et flûtée, puis — que sais-je? — un peu flasque?... Le mot est écrit, à présent.

Le style de Leconte de Lisle, tout en os, en nerfs et en muscles, est autrement solide que celui de M. de Banville, par exemple: — malgré tout charmeur, celui-ci, grâce à son lyrisme brusquement éparpillé en vol vers le ciel, comme telle gent bruyante de pillards oiselets, dont les plumes seraient azur, émeraude, burgau, pourpre et or... Mais que voudrait-on gourmander? Diffusion pléonastique; exubérance outrée, que dissimule mal l'étincelante trame d'un style précieux et « artiste? » Allure disloquée et comme déhanchée, sous l'éblouissement de la rime tintinnabulant?...—Tous ces défauts adorables, comment les reprocher sérieusement à M. de Banville? La fougue de son lyrisme, le charme de son esprit si personnel feraient vite oublier les sermons. — Mais si vilipender ces vers boiteux serait d'un pédantesque sot, puisqu'ils ont les ailes de la divine folie — les mettre au niveau des vers de Leconte de Lisle serait d'un étourdi maladroit[1], car les endiablées fantaisies du Joli, grimaçantes à ravir, se doivent éclipser, malgré tout leur charme, devant l'austère et calme majesté du Beau[2].

---

[1] Pourquoi « serait »? Je sais de ces maladroits, hommes d'esprit au demeurant, mais obstinés dans leur erreur.

[2] Soucieux de protester contre les enthousiastes qui déifient M. de Banville, je ne voudrais point passer pour un vil détracteur.

Pour en revenir au style de Leconte de Lisle, y regretterai-je une certaine monotonie inhérente à la perfection même? Dans l'admiration violente où me plonge tel superbe poëme philosophique ou descriptif, (comme lui seul sait en écrire), se glisse parfois un très vague et indéfinissable malaise : comme un regret qui m'appréhenderait, inavouable et presque inavoué, de n'avoir perçu, dans l'harmonie générale, nulle dissonance involontaire ou voulue : nulle strophe où faiblit la pensée, nul vers où chancelât l'expression ! Transgressée, la loi des contrastes se vengerait-elle, et se pourrait-il que le goût violenté se fatiguât de la couleur sans demi-teinte, comme l'œil ébloui de la lumière sans ombre? On ne peut, en tous cas, attribuer cette bizarre impression de gêne qu'à l'infaillible concordance de l'idée et

---

Il est dans les *Stalactites*, j'en conviens, il est dans les *Exilés*, de vraiment belles poésies qui ne laissent désirer qu'un peu de sévérité dans la conception et de sobriété dans le « rendu »; mais ce me semblent vers de seconde main. Là n'est point, à mes yeux, la vraie originalité de Banville — qui demeurera, malgré qu'on en ait, le prodigieux gouailleur bon enfant des *Odes funambulesques*.

A côté du nom de Banville, citerai-je — pour mémoire — le nom de feu Albert Glatigny, son surprenant sosie, lequel n'eut qu'un tort : celui d'être venu le second?

du langage, et peut-être est-ce là l'inévitable imperfection de la perfection suprême.

⁎
⁎ ⁎

Qui ne sait que Leconte de Lisle fut, en 1865, le grand maître des templiers d'un art nouveau ? Il serait au moins oiseux de retracer ici — après combien d'autres ! — les phases successives de cette renaissance si décriée, dite « des Impassibles. » Au reste, nous en devrons toucher un mot, au sujet de M. Catulle Mendès. Bornons-nous à présent à saluer, un peu pêle-mêle, tels excellents poètes que l'opinion publique englobe encore — à tort ou à raison — dans son mépris pour ce qu'elle appelle : L'École Parnassienne.

Quelques rares se sont montrés fidèles à la tradition du Banville des Odes funambulesques : tel, le délicat virtuose Léon Valade. Pour gracieux et doucement mélancoliques que soient les gazouillis sentimentaux de ce frêle artiste, il vaut plus encore, peut-être, par ses « Gazettes Rimées. » Étincelantes de strass prodigué, sautillent ces folles muses gamines, scandant de malins éclats de rire le vol du triolet aux fines lanières, qu'elles brandissent contre les ridicules de notre grave époque. A cet emploi, je trouve plus divertissantes encore les Muses gamines du jeune ami et successeur de Valade, M. Henry Beauclair — apte, sans doute, à une œuvre forte, et qui s'amuse, en attendant,

>A piquer de pichenettes
>Quelques nez contemporains.

Mais revenons aux anciens Cependant que les moins nombreux, (nous aurons à signaler encore de ceux-là), saluaient Banville pour capitaine, d'autres témoignaient, en vers sculpturaux, de leur préférence pour Leconte de Lisle.

Chez M. Léon Dierx, l'influence du maître n'est que de surface, et — jusqu'en ces pièces de la première heure, qu'on gagerait calquées sur l'âpre patron des « Poëmes barbares » — se trahissent les tendresses d'une âme qui rêve et pleure en silence. Comme chez Alfred de Vigny, on devine en Léon Dierx ce mépris souverain des foules qui ne daigne même point se manifester — ce mépris au grave et discret sourire, où l'on reconnaît les esprits aristocratiques qui, forts de l'estime de rares initiés, sont sûrs de ne pas rouler à l'oubli. Ils savent que la sentence définitive de la postérité, (aussi défiante à souscrire aux enthousiasmes des séides, que prudente à confirmer le jugement des détracteurs,) les attend, infaillible, aux portes de l'avenir : Ainsi tôt ou tard s'établit l'équilibre de la balance, quelles qu'aient été les oscillations alternatives des plateaux.

M. Dierx — familier des bois jaunissants où s'accroit le mystère, sous un jour qui s'atténue par degrés, — est, avant tout, le poëte crépusculaire et automnal. Dans le rhythme grave de ses périodes, on entend sourdre la voix des fins de saison — plaintive et toujours la même, néanmoins si captivante !... Et telle est l'impression à lire « Les Lèvres closes, » que le tempérament de ce tendre matérialiste semble mentir aux rigueurs de sa philosophie.

*
* *

Soulèverai-je ici la question si controversée de savoir s'il sied d'écrire de la philosophie en vers ?... — Nombre d'excellents esprits l'ont pensé, et vraiment il semble téméraire d'affirmer que Lucrèce ait faibli à la tâche, ou que le grand poëte du XVIIIe siècle, le malheureux André Chénier eût échoué fatalement, dans cette tentative de poëme universel dont il lui fut loisible à peine d'ordonner le plan : projet surhumain s'il en fut, où il avait mis toute l'ardeur de son génie et toute l'espérance de sa gloire !

De nos jours, bien des hommes ont eu cette ambition, d'unir, en un baiser qui soit immortel, les deux Reines ennemies, la Poésie et la Science : celle-ci fille de la Raison et du Sens positif, préoccupée de la Norme et soucieuse du Fait ; — et cette autre, fille de l'Imagination et de l'Amour, qui, follement éprise du Rêve aux cent prestiges, rebelle en apparence à toute Loi, paraît aussi peu curieuse d'une exactitude — outrage à son caprice, que d'une logique — entrave à son essor.

Un langage élégant et pur, et un noble fanatisme n'ont sauvé M. André Lefèvre ni de la sécheresse ni de la roideur. Si sa traduction de Lucrèce est la meilleure (peut-être) qu'on ait tentée, son « Épopée terrestre » est illisible, encore qu'un vrai talent y ait mis en œuvre d'ingénieux artifices. En vain y admirera-t-on de belles pages, soulevées d'un souffle large ; à vrai dire, toute cette œuvre est stérile et morte. On ne peut voir là qu'un immense et généreux effort qui n'a point abouti.

Il n'en est pas ainsi de M. Louis Ménard, qui a fait revivre, en d'étincelantes et pures strophes, les plus touchants symboles de la mythologie grecque : à cette source antique, Leconte de Lisle et Ménard ont puisé côte à côte, et peut-être devons-nous à l'ancienne familiarité des deux poëtes cette audace de symbolisme qui nous étonne chez le maître. Pour révélatrices d'abstractions pures que soient les images hiératiques, elles n'en constituent pas moins un élément merveilleux, par quoi écondée, l'idée abstraite devient esthétique.

La même richesse mythique a sauvé certaines pages de madame Ackermann. — *Positivisme militant; rigueur algébrique des raisonnements; langue virile et incisive; forme un peu sèche, mais d'une netteté d'acier poli; voix chaude, mais âpre, toute vibrante d'enthousiasme à la Lucrèce : voilà ce qui frappe dès l'abord, chez elle.*

> Frappe encor, Jupiter! Accable-moi! mutile
> L'ennemi terrassé que tu sais impuissant!
> Écraser n'est pas vaincre, et ta foudre inutile
>   S'éteindra dans mon sang!

> . . . .
> Non à la croix infâme et qui fit de son ombre
> Une nuit où faillit périr l'Esprit humain...
> Malgré son dévoûment, non, même à la Victime,
> Et non, par dessus tout, au Sacrificateur!

. . . .
Pascal, à ce bourreau, toi, tu disais : mon père!

. . . .
S'il nous faut accepter ta sombre alternative :
Croire ou désespérer, — nous désespérerons!

Voilà bien des citations : Mieux qu'une brève analyse, elles permettront au lecteur de définir le talent de madame Ackermann, et de qualifier la vogue — d'ailleurs légitime — qu'elle obtint[1]. *S'il fallait conclure en deux mots, nous dirions que nous voyons là*[2] *le fâcheux triomphe de l'éloquence en vers. La réponse à Pascal restera comme un superbe développement de rhétorique — rien de plus.*

*
* *

Il s'en faut qu'un pareil reproche puisse atteindre M. Sully Prudhomme, — seul Hégélien parmi nos poëtes philosophes.

Loin que la rhétorique ait rien à voir avec son art — le plus exempt d'artifice qui soit — sa pensée haute-

---

[1] Premières poésies. — Poëmes philosophiques (Lemerre).
[2] Dans « A Pascal » surtout.

ment spéculative a peine à se faire concrète pour les besoins de la couleur. Son style est sobre timidement — j'en sais qui disent : « prudemment. » A cette heure que les plus téméraires audaces de forme sont devenues banales, tant il se trouve de médiocres pour les oser, Sully Prudhomme s'astreint encore aux sévères retenues de la tradition classique — dont les derniers adeptes, de plus en plus rares et dédaigneux de transiger, ne sollicitent, du fond de leur orgueilleuse solitude, que l'approbation discrète de quelques-uns...

M. Sully Prudhomme s'écrie avec enthousiasme :

Beauté, qui fais pareils à des temples nos corps!

Ce seul vers suffit à nous dévoiler son idéal, soit en poésie, soit en amour : le Beau qu'il rêve rayonne d'un doux éclat, en un nimbe de religieux mystère — quand il veut bien ne pas le dérober à nos yeux derrière une accumulation d'entités abstraites.

Hélas! le sévère philosophe tend à croître en Sully Prudhomme, et peut-être étouffera-t-il un jour le poëte exquis et naïf dont la voix fit couler de si délicieuses larmes. Certes, à notre goût, le vrai, le grand Sully Prudhomme est cet écrivain qui eût été digne de tracer

les deux ineffables axiomes latins : « Est quædam dolendi voluptas — ... Sunt lacrimæ rerum... »
C'est le poëte ami des vieilles maisons, dont :

> Les vitres aux reflets verdâtres
> Ont comme un triste et bon regard.

C'est encore le rêveur qu'apitoient les anxiétés des petits collégiens — tempéraments câlins et sensitifs que blessent sans trêve la brutale indifférence des maîtres, le cynisme des camarades, l'atrocité des humiliations quotidiennes. Combien d'entre nous l'ont douloureusement vécue, cette agonie du cœur qui dure tant d'années !... Tendre petit, froissé dans sa délicatesse native, terrassé dans son jeune orgueil, en butte à tous les heurts d'une existence de caserne ! Pauvre nature sentimentale et rêveuse, privée d'idéal et d'affection — comme un forçat de soleil ! Qu'il est à plaindre, dans ses chagrins que le poëte nous fait pleurer, dans ses angoisses que le psychologue nous fait frissonner longuement !

Non moins que cette mélancolique récurrence vers la jeunesse étiolée, nous aimons en Sully Prud'homme la religion jalouse du foyer natal et la vague nostalgie du berceau. — Nous allons dire notre pensée tout entière : Unique en son inimitable simplicité, Sully n'est pour nous qu'un élégiaque, le plus grand et profond de tous! N'est-ce point une part assez belle, et qui lui permette d'oublier le glorieux échec de « Justice, » ce poëme où les mieux intentionnés ne peuvent voir qu'un gigantesque effort stérile — un écroulement dans l'Impossible de la plus généreuse des entreprises?

*
* *

M. Sully Prudhomme a ses fervents.

Il faut compter en première ligne M. Jules Lemaitre, le subtil psychologue des « Médaillons », le spirituel rapin des « Petites Orientales » : à défaut d'originalité transcendante, deux rares mérites lui demeurent acquis : l'usage familier d'un français du meilleur aloi — et cette belle humeur habituelle qui sourit à toutes les pages, au point de rendre presque aimable dame Mélancolie même, si d'aventure il lui prend fantaisie de montrer l'oreille.

Mérite qu'on pourra contester à cet autre fidèle de Sully Prudhomme, M. Auguste Dorchain, qui claironne l'épopée des luttes charnelles (en un millier de vers[1] d'un beau style, mais d'une constante gravité confinant au lugubre.) Et j'aurais vraiment la plus mauvaise grâce du monde à lui en faire un grief, d'autant que le poëme des « Étoiles éteintes » est un morceau hors de pair, prédestiné aux futures anthologies.

Uniformément triste aussi — et funèbre parfois — l'œuvre de M. Guy Valvor[2]. A vrai dire, par quelques côtés, ce poëte touche à Sully, mais il a lu les « Fleurs du Mal », et peut sembler, à de rares pages, un cousin plus civilisé de Tristan Corbière. — D'aucuns ne l'ont vu qu'avec peine introduire en poésie des préoccupations humanitaires, flageller Tartuffe, et pleurer le destin de l'éternel Jacques Bonhomme; mais la fougue d'un lyrisme sincère sauve la banalité de ces déclamations. — Pourquoi veut-il être brutal, lui qui pourrait être fort ? S'il chante, sa voix est juste : regrettons qu'il s'obstine à crier trop souvent. L' « Hymne à Pluton, » néanmoins, et l' « Introït à la Messe Noire » sont de curieux morceaux.

Puisque nous en sommes à la messe noire, je m'en voudrais de ne point louer ici le « Werchessesburg »

---

[1] La Jeunesse pensive.
[2] La Chanson du pauvre homme. — Rêves et Rêveries.

de M. Zénon Fière : voilà une légende macabre d'une belle et sauvage horreur, conforme aux traditions qui nous viennent du moyen âge. Ce n'est plus le « fantômatique » en gibus, et parfois en bonnet de coton, où se complait M. Rollinat !... Le talent prodigué dans cette plaquette — une fantaisie passagère d'artiste — fait bien augurer d'un livre de poëmes plus subjectifs que nous doit M. Fière.

* * *

Je ne cherche point de transition pour en venir à M. Anatole France — un esprit doctement éclectique et curieusement exquis, de la famille des Sainte-Beuve et des Renan.

Si, par le choix des sujets, il peut rappeler Leconte de Lisle; si son style sobre et d'une extraordinaire pureté fait songer au style de Sully Prudhomme, — il faut noter que France descend, en droite ligne, de Racine et de Chénier. (N'a-t-il pas rejeté dans son chef-d'œuvre « les Noces Corinthiennes » tous les éléments de forme artistique qu'il avait, en ses « Poëmes dorés », empruntés à l'école de 1865?) Or, sa glorieuse originalité est d'avoir su rendre moderne cette pure langue classique, aux délicates nuances, au clair timbre de cristal — et de l'avoir harmonieusement adaptée à la reconstruction dramatique d'un monde disparu.

Sur la belle terre d'Hellas — alors que, sous les coups du Christianisme adolescent, agonise le culte des anciens dieux — A. France nous peint la lutte de l'Amour et du Devoir, dans le cœur d'une vierge chrétienne, fiancée par son père à un païen, mais condamnée par un vœu maternel au célibat sacerdotal. Daphné ne trahira ni l'engagement pris par sa mère, ni le serment des fiançailles : elle s'empoisonne et passe l'heure suprême dans les bras de son amant :

> « Ce que j'ai fait est fait, et ces choses sont bonnes.
> « Sachez par moi combien l'amour a de pouvoir,
> « Retenez ce qu'hélas ! je vous donne de voir,
> « Et contez mon malheur, pour que jamais les mères
> « N'obligent leurs enfants à des noces amères….
> « Et pourtant je vivrais, si Dieu l'avait voulu !
> « La terre me faisait accueil ; il m'aurait plu,
> « Près de l'époux, assise au foyer, douce et fière,
> « De nourrir un enfant sous la sainte lumière
> « Et de le voir éclore à des souffles d'amour….
> « Voici l'aube innocente, amis ! Voici le jour.
> « Menez-moi, menez-moi sur la colline rose…
> . . . .

La grâce décente de l'Hellade antique revit toute en

ces pages d'où s'exhale une fraîche odeur de virginité païenne et de chastes amours flétries. On sent, à lire les « Noces Corinthiennes, » que l'historien s'efforce de rester impartial, dans ce récit épisodique des grandes luttes religieuses; mais le poëte et l'artiste demeurent impuissants à dissimuler leur préférence — éternellement acquise à l'immarcessible beauté dont la Vénus Aphrodite a décoré ses enfants !

*
* *

Sous nos climats de brume et nos pâles soleils, un autre poëte également passionné pour l'art grec, M. Armand Silvestre, a chanté les grandes déesses au corps marmoréen, et l'azur monochrôme des ciels attiques.

Mais gardons nous qu'un rapprochement dégénère en confusion : A. France, pour qui le monde extérieur n'est qu'un décor, vit dans le domaine de la Pensée; — Silvestre se pâme éperdûment devant la splendeur des Formes. Ne demandez à celui-ci ni l'intelligence profonde des symboles, ni la synthèse morale d'une époque; c'est en vain qu'en son œuvre vous chercheriez ce qui n'a point trait à la beauté physique, charnelle; au culte d'un panthéisme plastique. Il clame en vers superbes le rut de son esprit et de sa chair; il aime avec emportement — avec terreur aussi : c'est qu'il pressent qu'un pareil amour porte en soi un germe de mort individuelle; car la nature détruit à mesure qu'elle engendre, et seules les races ne sauraient périr... — Mais, qu'importe ! cette mort, il la convoite et l'appelle de tous ses vœux :

> J'adore ta Beauté pour ce qu'elle me tue...
> J'adore ta Beauté pour en vouloir mourir !

Néanmoins, il faudrait être aveugle pour ne voir en Silvestre qu'un satyre éperdu d'un perpétuel éréthisme. M. Silvestre est un grand poëte; ses cris d'amour sont eurhythmés, sa fureur même est esthétique : trop épris d'harmonie pour rouler jamais à un réalisme abject, le plus souvent il divinise la Femme au paroxysme de la passion, et tombe, en une chaste et fervente extase, à ses pieds.

*
* *

« L'Éternel Féminin » de M. Joseph Gayda nous présente une conception analogue de l'Amour, mais *parfois douce et comme voilée : M. Gayda est plus élégiaque que Silvestre, et cette note attendrie n'est pas pour déplaire :*

> . . . . . . C'est pour cela, mignonne,
> Que, lorsque je te cède et que je te pardonne,
> Tu me vois chaque fois un front plus attristé ;
> Car je sens que je perds un peu de ma fierté,
> Que notre étoile, hélas! pâlit dans les ténèbres,
> Et qu'à chaque pardon, tout bas des glas funèbres,
> M'annoncent que les temps vont être révolus
> Où, si je t'aime trop, tu ne m'aimeras plus!

* * *

M. Laurent Tailhade est peut-être de ceux qu'il sied aussi de rattacher à Armand Silvestre. L'ampleur va jusqu'à la pompe et l'emphase, en ce « Jardin des Rêves » où la gamme des tons riches ondule avec d'inattendus chatoiements. De la mise en scène d'un charnel amour parmi le faste des décors catholiques, il tire des effets surprenants : — ces chants où la passion déploie son cortége de pléonasmes en délire, tiennent de la litanie; il y a des effluves de Saint-Chrême et d'encens, dans l'énervante odeur qui se dégage de l'Aimée. — Et tenez : ces fleurs que le poëte évoque en des vi-

sions d'une incomparable splendeur, sont hiératiques et héraldiques : où cesse le prestige du culte, s'exalte l'orgueil du blason :

> . . . .
> La tige svelte grimpe aux marges des vitraux,
> Près des bons empereurs gemmés de pierreries,
> Des saints agenouillés sur l'herbe des prairies,
> Des séraphins cambrant leurs torses de héros.

Et plus loin :

> Verdâtres, de poisons mystérieux ridées,
> Avec l'enroulement des dragons noirs et bleus,
> Onglés d'or, lampassés de gueules, fabuleux,
> S'épanouissent les farouches orchidées.
> . . . .

Comme peintre de fleurs, M. Tailhade est un artiste bien extraordinaire, et je ne crois pas que jamais l'impression des parterres princiers ou des opulentes serres chaudes ait été rendue plus intense et plus vraie que dans le poëme des « Magies de Flore ».

**

Je pense que M. Edmond Haraucourt sera un grand poëte. — Très nourri d'idées, son vers répugne aux coquetteries efféminées, aux maladifs raffinements, aux inquiétantes mièvreries qui sont toute l'esthétique de tels « modernisants » à outrance. Il ne pense pas que « Modernisme » veuille dire évaporation de la pensée, massacre de la langue, et, en définitive, mystification du lecteur : nous aurions assez mauvaise grâce à soutenir qu'il a tort. Sa manière est bien à lui, audacieusement correcte ; et déjà ses conceptions revêtent cette forme définitive et magistrale, qui résulte de l'harmonie absolue présidant à l'idée — large en sa précision, comme au style — exact en sa grandiloquence.

M. Haraucourt aborde volontiers ces grands lieux communs philosophiques et moraux sur quoi tant de chefs d'œuvre sont étayés déjà : là, pour n'être pas banal, il faut être vraiment fort. Mais M. Haraucourt n'a pas à craindre la concurrence, assuré qu'il est de ne paraître jamais commun, dans l'expression sincère de ce qu'il pense ou sent.

*
* *

Je faisais allusion plus haut à la rhétorique de certains modernisants, abstracteurs de quintessence lit-

téraire. D'autres, tout aussi modernes, ont pris un chemin bien différent.

M. François Coppée a imaginé le premier d'introduire en poésie un naturisme délicat et fleuri, tout de pathétique et de simplicité. Ce n'est plus la note, uniformément débile et plaintive, des petits poëmes de Sully Prudhomme; les seules « Consolations » de Sainte-Beuve en peuvent donner la fugitive impression. A peine, le grand Hiérophante de l'Art contemporain nous avait-il initié à tout ce que recèlent de poésie, le laconique héroïsme des « pauvres gens » en face de la misère — ou le désespoir loquace et doux de la vieille du peuple, frappée à mort dans son cœur d'aïeule:

L'enfant avait reçu deux balles dans la tête...

On peut dire qu'avant Coppée, nul n'avait fait valoir cette intime volupté des « Intérieurs » paisibles, cette monotonie charmante de la vie familière, ou même cette amertume sans fiel des chagrins dont chacun prend sa part, autour du foyer.

Pour accessible au goût épais des masses que soit l'expression artistique de ces sentiments, elle n'en est pas moins suggestive au dilettantisme des lettrés. Or, là ne *se borne pas l'originalité de Coppée. Je confesse bien ne trouver en son théâtre, (le « Passant » et le « Luthier de Crémone », qui sont des poëmes, exceptés,) qu'un écho fort adouci des fanfares dramatiques de 1830, mais quand il embouche le clairon épique, son vers, sobre encore que rutilant, fait merveille à évoquer le faste traditionnel des âges — ce qui ne laisse point d'être glorieux, après la « Légende des Siècles. »*

A quoi bon, du reste, s'attarder à la louange d'œuvres que chacun sait par cœur ?

*
* *

L'art que M. Paul Bourget fit paraître dans les « Aveux » ne semble pas moins moderne : une excessive délicatesse, apte à rendre toutes les exquisités du sentiment comme de la pensée, y fait valoir une précieuse subtilité qui n'a rien de l'afféterie. Curieux des diagnostics moraux, très familier des choses du cœur, M. Bourget doit à ses préoccupations psychologiques de rares qualités de pénétration et d'analyse, sensibles jusqu'en ces poëmes d'une langue à ce point discrète et musicale, qu'on croit entendre le dialogue aérien de Miranda et d'Ariel.

* * *

Il semble impossible, à première vue, de démêler des influences étrangères dans le talent si primesautier de M. Charles Cros. Pourtant, l'on est toujours fils de quelqu'un, (proclame volontiers l'éternel Brid'Oison.) Et si, finit-on par découvrir, en de mignons flacons d'or, au fond du « Coffret de Santal », des extraits où durent macérer quelques-unes de ces « fleurs du mal », si violemment toxiques — si éperdûment enchanteresses. Dans le même coffret, il ne m'étonnerait pas qu'on surprit encore telles reliques féminines, chères à Coppée et à Verlaine. — A part les cousinages que j'indique — dissimulés et lointains — M. Cros est bien original, dans son « 7utisme »' coquet, sentimental ou boudeur; dans sa conception de l'amour, si simple à la fois et quintessenciée; enfin, dans son entente de la Nature — un peu mièvre et chuchoteuse — des environs de Paris.

Parisien, M. Albert Mérat l'est aussi, de cœur et de fait. Il a vu sourire de frais visages parmi les géraniums et les héliotropes, à la fenêtre enfumée d'un cinquième étage ; et depuis lors, son cœur a gardé la nostalgie de ces pauvres jardins suspendus, qu'il chante en vers délicats. C'est un cousin de Mürger ; il a connu sa Mimi.

**

Avant d'aller à d'autres poëtes également à la recherche d'une formule nouvelle, il paraît utile de remonter à M. Catulle Mendès, qui ne fut pas sans influence sur les jeunes générations.

Vers le milieu du siècle, une race exsangue pullulait à mi-côte du Parnasse. De pâles élégiaques, sans prosodie ni grammaire, ayant affublé la grande Erato d'une ridicule chemise de nuit, psalmodiaient autour d'elle de sentimentales romances avachies. A vingt ans, M. Catulle Mendès s'improvisa capitaine des vaillants légionnaires qui osèrent chasser du temple auguste tous les Tityre en bonnet de coton, et — religieusement prodigues — rendre à la déesse outragée le riche et superbe péplum digne d'elle.

A lui seul, ce titre de gloire vaudrait à Mendès l'éternelle gratitude des lettrés ; mais notre héros fut plus que le glorieux lutteur qu'on sait; le sceau de la prédestination décorait son front de jeune dieu : il prouva sa divinité par de nombreux miracles. « Hespérus », ce poëme rayonnant de toutes les splendeurs de l'illuminisme Swedenborgien, est unique dans notre langue. Là, Catulle Mendès est grandiose dans le mysticisme; ailleurs, il est beau de mâle énergie : Ses « Contes Épiques » font de lui, parfois, un émule de Leconte de Lisle. Ses « Lieder » sont d'un charme félin et d'une perverse innocence vraiment irrésistibles. — Que dire encore? Il a parcouru toutes les notes du clavier; mais d'un clavier à lui, au timbre imprévu, puissant et mièvre. Assimilateur prodigieux, M. Mendès paraît un sphynx réalisateur de toutes les antinomies; sa personnalité est une énigme, que nous constatons sans prétendre à la résoudre.

M. Émile Michelet — un inquiétant et fluctuant poëte qui semble un peu son neveu — s'est révélé plus pénétrant que nous. Il a fait, tour à tour, en une estimable étude, l'analyse et la synthèse des facultés complexes du maître. M. Michelet, comme M. Darzens, — esprits curieux en qui se marient un peu des charmes équivoques de Mendès et de Baudelaire, seraient capables d'une œuvre personnelle, mais devraient se soustraire, en produisant, à la néfaste sujestion du gongorisme stérile et obsesseur.

Je n'en dirai point autant de M. Jacques Madeleine — un familier de Mendès — dont l'esprit délicat et jeune, joint à une rare maturité de goût, s'épanouit en toute sa fraîcheur dans l' « Idylle Éternelle. »

La « Chanson de la Mer » de M. Victor Marguerite annonce un vrai poëte. Si la construction des vers fait penser parfois à la rhétorique obstinée de Mendès, l'inspiration est toute différente. Le très jeune cousin de M. Mallarmé est habile à percevoir intuitivement les secrets rapports par où se relient les choses de l'âme et celles de la vie extérieure. De là des vers d'un impressionnisme imprévu, suggestifs à l'infini :

. . . .
Voix de l'archange, chère aux pélerins lassés,
Gardienne du trésor des rêves, et qui mêles
Les riants Avenirs et les vagues Passés,

Hélas! tu sais pourtant tout ce qu'à nos semelles
Nous traînons de fardeaux invisibles et lourds,
De cadavres d'Espoirs et de tombes jumelles!
. . . .

***

M. Jean Lorrain, (qu'il importe de ne pas confondre avec le gracieux fantaisiste de Paris-Rose[1]) a su, dans « Le Sang des Dieux » et la « Forêt Bleue », traduire en images éclatantes de bien fugitives impressions. Il a le secret de la couleur intense, mais, ne sachant pas pondérer ses effets, il demeure avec tous les éléments d'un excellent artiste, un assez peccable rhétoricien. Toutefois, il a écrit des sonnets d'une grande allure et qui méritent de rester. — Quant à son livre récent, « Modernités », nous n'en parlerons pas : un poète de talent a toujours tort de sacrifier ses préférences sur l'autel du Réalisme, cette idole au cerveau étroit qu'encense une multitude stupide, tout en liesse de se prosterner devant le symbole de ses banalités et de ses platitudes[2].

***

Ils ne sont pas rares, hélas ! ces exemples de beaux

---

[1] Paris-Rose, par M. Georges Lorin (Ollendorff).
[2] Pour ceux qui s'étonneraient de nous voir omettre, à propos

talents, dévoyés soudain à la poursuite d'un succès équivoque — ou simplement d'une chimère : l'un se laisse éblouir au prestige de la mode courante, l'autre s'éprend tout à coup de la marotte humanitaire. — Il va nous être donné de déplorer un de ces cas inattendus de déraillement artistique.

Pour enfant terrible qu'il parût aux timides, M. Jean Richepin laissait voir, en ses premiers ouvrages, l'influence directe de Baudelaire sur un petit-fils de Villon. — La « Chanson des Gueux », livre audacieux et robuste, promettait un grand poëte impressionniste, habile — à défaut de dandysme et de distinction native — à ravir l'enthousiasme d'un puissant souffle et d'une voix ardemment sympathique. Un sens profond de la nature avait permis à M. Richepin d'encadrer les portraits de la bien-aimée, comme aussi de ses chers « gueux » si

---

de modernisants, le nom de M. Paul Déroulède, nous tenons à protester ici de notre haute estime pour ce brave et loyal officier.

Nous serions fâchés qu'on doutât encore de nos sentiments à l'endroit de M. Eugène Manuel, qui nous a pourtant mis en retenue, alors que nous étions encore « sur les bancs du lycée. » On voudra bien remarquer notre abnégation..... Ah! l'université n'est point, à coup sûr, une institution sans prestige. Mais comment tolère-t-elle « en son sein » cet enfant terrible d'Emmanuel des Essarts, qui se permet d'avoir du talent?

glorieusement idéalisés, en une guirlande de verdure fleurie. — Très sensible dans « Les Caresses », un récent souci d'élégance et de délicatesse mièvre venait équilibrer fort heureusement la rudesse initiale de l'artiste : semblait-il pas que ce fût l'évolution progressive d'un esprit superbement doué, vers un généreux idéal ?

Il paraît, hélas ! que ces beaux livres n'étaient que de puérils essais, et qu'il faut voir dans « Les Blasphèmes » le tome premier de l'œuvre véritable du poëte. — Au risque de passer pour un de ces cerveaux étroits et mesquins, incapables de saisir une méthode et de suivre un raisonnement, (devant le blâme de qui M. Richepin croise à l'avance dédaigneusement ses bras), je pense que M. Richepin fait fausse route. Il messiérait de faire ici la critique du philosophe ; mais il sied au moins de noter que l'artiste est en déchéance passagère, sinon en positive décadence. Appliquer au développement des plus vides lieux communs les procédés d'amplification si chers au V. Hugo de l' « Ane » et de la « Pitié Suprême », — cela est vraiment médiocre pour un qui a écrit « La Chanson des Gueux ! » Mais ce qui est souverainement attristant, c'est de penser que nous n'avons dans les « Blasphèmes » que le premier livre d'un cours complet de philosophie matérialiste en vers ; — et plus navrant encore de se dire : C'est là ce que le poëte regarde comme son œuvre essentiel et définitif !

* * *

Tandis que le talent de Richepin s'enlise dans la déclamation bruyante et la négation stérile, l'esprit de son ami d'enfance, M. Maurice Bouchor, se dépouillant peu à peu des entraves et de tout élément étranger, s'est épuré, élargi, mûri : L' « Aurore », son dernier ouvrage, nous fait voir le Poëte, après les affres et les cauchemars de la nuit, debout, le visage empourpré des rayons du soleil levant. Quel beau titre et quel beau livre ! Il monte au ciel, l'astre de toute Intelligence et de toute Splendeur, l'Idéal — menteur ou non ! Et toute la création s'illumine ; cependant que ceux-là se crèvent les yeux pour ne pas voir, qui professent, comme le poëte des « Blasphèmes »,

L'horreur de l'Idéal et l'amour du Néant.

* * *

Notons que Richepin, malgré son immense talent,

n'a guère influé que sur M. Émile Goudeau. C'est là une parenté indéniable, mais quelles qualités excellentes M. Goudeau n'a-t-il pas tirées de son propre fonds? Bonhomie innocemment gouailleuse; brusquerie cordiale; débordante gaîté; — ailleurs, mélancolie d'une sincérité frappante; un style enfin, d'une insuffisante correction parfois, mais d'une franche allure, d'une saveur « sui generis » très gauloise : Rabelais ressuscité, « humant le piot » chez Tortoni, n'aurait pas plus de brio ni de belle humeur !

***

C'est encore un bien curieux et puissant poëte que ce jeune homme ardent, naïf et fier, qui masque son nom derrière le pseudonyme de Jean Rameau. L'on ne cherchera pas longtemps sa filiation, à lui qui descend si directement de Victor Hugo. Ne trouvez-vous point, ici et là, même abondance un peu prolixe, même amour de l'énorme, même passion endiablée — puis, par moments, même délicatesse ingénue et quasi-enfantine?... Le macabre et le fantastique de M. Rameau ne sont empruntés à Poë, à Baudelaire, non plus qu'à M. Rollinat; et la franchise toute sauvage de son style, nullement raffiné, mais pourvu d'articulations et de muscles forts, n'est comparable qu'à celle de M. Fernand Icres, dont le poëme « Une conquête » est un monument taillé dans le granit des Pyrénées.

* * *

La muse rustique a gardé tant de pieux adeptes, en ces jours de subtilités laborieusement difficultueuses, qu'il ne s'en faut guère que chaque province n'ait son barde jaloux.

M. André Lemoyne semble affectionner surtout la Normandie, avec ses falaises abruptes, ses riches pâturages plantés de pommiers, ses villages endormis au creux des vallons de verdure et d'ombre, puis la mer toute verte, à l'horizon [1]. Sobre et large, la langue de M. Lemoyne — qui continue la grande et belle tradition classique — lui désigne sa place, à mon goût, bien au dessus de M. André Theuriet, le poëte au souffle peut être plus soutenu, mais au style diffus parfois, ou d'une exubérance douteuse. Ce n'est pas que Theuriet n'ait su rendre, intense et vrai, le charme spécial des

---

[1] M. Charles Frémine a, lui aussi, bellement chanté la Normandie.

sites lorrains, tout d'étangs, de forêts et de vignobles. — Il excelle, à coup sûr, aux peintures sylvestres, et tous ses romans sont là pour confirmer mon dire.

M. Jean Aicard a chanté la Provence. J'avoue ingénûment préférer aux rhapsodies un peu monotones de l'aède méridional, la prose autrement magique de MM. Paul Arène ou Alphonse Daudet. La « Gueuse parfumée » tient incluse en 200 pages toute l'âme poétique de la Provence.

On ne fera jamais trop l'éloge de M. Gabriel Vicaire. Ses vers sur la Bresse[1] ont une fraîche et saine saveur de terroir, et voici du moins un poëte de tempérament !

. . . .
Heureux temps ! Le ramier roucoule.
Le ruisseau d'argent coule, coule....
La belle dit : — « O mon galant ! »
Mais le galant répond : — « Mazette,
  « Rose, Rosette !
  « Le tétin blanc ! »

Je ne sais quel souffle campagnard court dans cette chanson, mais je sais bien qu'elle est savoureuse et s'impose impérieusement à la mémoire.

[1] Émaux Bressans (Charpentier).

Citerai-je MM. Jules Breton, barde et Seigneur de l'Artois; Léon Cladel, Seigneur du Quercy; Gabriel Marc, sire Auvergnat? J'ai parlé plus haut de Mgr le duc de Berry : M. Rollinat.

*
* *

Je voudrais, avant de clore ces pages, saluer un de nos plus grands artistes — presque inconnu, méconnu à coup sûr. — M. Soulary a écrit des poëmes et des sonnets. Ses poëmes sont assurément dignes de lui; mais ses seuls sonnets l'ont fait célèbre parmi les lettrés, et le feront immortel. Quatorze vers d'où jaillit l'étincelle géniale suffisent à coter un écrivain : M. José-Maria de Hérédia n'en est-il pas le plus frappant exemple? On a de lui, épars çà et là, quelque quarante sonnets, mais d'un si puissant effet artistique qu'ils lui ont assuré déjà une place inaliénable dans le panthéon des poëtes.

Revenons à M. Soulary : Savante et très subtile psychologie; sens intime de la nature panthéistiquement envisagée; pénétration intellectuelle et « sensationnelle » d'une acuité extrême; beaucoup d'esprit — et des plus fins, non des moins malicieux et incisifs; implacable franchise du mot, recherche heureuse de l'épithète rare : voilà ce qui caractérise à nos yeux M. Soulary. Sa concision va jusqu'à la manie, si qu'il en résulte une obscurité fréquente, vite dissipée dès que se concentre l'attention; car l'obstacle vient ici d'un entêtement de brièveté, de concentration à outrance — et non du fait de ne s'entendre pas soi-même : c'est par là que M. Soulary diffère d'autres poëtes obscurs...

Loin qu'il répugne à l'emploi de l'image, habile entre tous au secret de la rendre frappante, il sait aussi, à force de convenance et de précision, donner au mot simple et nu la force et l'intérêt topique :

> Triste métal des morts, tu donnes le frisson :
> Le doigt t'agace en vain, tu ne rends pas de son ;
> Tu tombes sans bondir, en masse inerte et flasque...
> . . . .

Relisez : pas une métaphore, dans cette apostrophe au Plomb ; et le poëte a transmis au lecteur le frisson froid et morne, en sa pleine intensité.

Une œuvre achevée dans un cadre modeste — telle a été l'ambition de Soulary, qui a su pleinement réaliser son idéal. Je voudrais reproduire, en terminant,

quelques lignes où il semble s'être jugé[1] : « *La postérité
« préférera toujours, aux volumineuses productions des
« incontinents de lettres, l'œuvre modeste d'un penseur
« discret, rappelant par son cadre étroit, ses propor-
« tions parfaites et son fonds substantiel, les merveil-
« leux petits chefs-d'œuvre de ces maîtres mosaïstes
« qui avaient nom Larochefoucauld, La Bruyère,
Vauvenargues...* »

Nous ajouterons : « *Soulary.* »

---

[1] Lettre-Préface au très-estimable livre de M. Frédéric Bataille :
« Le Clavier d'or. »

III

J'ai dit mes préférences, et porté à mes Maîtres le faible tribut de mon admiration, la plus sincère qui fut jamais.

A de jeunes poëtes qui ont mon estime esthétique, j'ai publiquement tendu la main. Puissent ces notes trop superficielles — où je leur dis que je crois en eux — être comme un écho avant-coureur de leur future renommée!

D'indulgents amis voudront-ils voir, dans mes enthousiasmes trop communicatifs peut-être, des excuses à la monotonie d'une nomenclature forcément aride — et pourtant incomplète encore ?[1]

Il se pourrait que ces pages parûssent outrecuidantes à certains lettrés; ce m'est doux et consolant d'en induire qu'ils ne les liront pas. Je veux parler de ceux-là qui, à l'énoncé du nom de Baudelaire, exaltent le talent d'un

---

[1] Le cadre étroit de cet avant-propos m'a fait omettre les noms de maints jeunes poëtes — de mérite sans doute, mais qui ne fréquentent point mon café. Ils auront assez d'esprit pour me comprendre, et d'indulgence pour me pardonner.

photographe de Strasbourg, et prennent volontiers pour un fou qui leur cite Leconte de Lisle. (Louis XV a-t-il jamais annobli le fameux abbé?) — Ces érudits, par contre, sont familiers de Vadé qu'ils annotent vers par vers, et dans un poëme qui nous ravit en extase « au sanctuaire du bon goût », font asseoir l'abbé de Bernis entre Horace et Anacréon. D'avance, je compte sur le mépris indigné de ces bonnes âmes — que je prie, en retour, d'agréer l'expression courtoise de ma parfaite indifférence. — Elles se feront un plaisir de me renvoyer à ma Béotie — quand leurs yeux tomberont sur quelqu'un de ces vers ternaires, si fréquents en ce livre :

> Le tentateur | insinuant | vers toi se glisse...
> Poëte épris | d'un idéal | cher à vous seul...
> Dans un manteau | de gravité | sacerdotale...
> . . . .

Je me résigne d'avance au rôle de barbare, ignorant les plus élémentaires préceptes prosodiques. Tels m'accuseront encore de sacrilège inconséquence — moi qui, champion des théories nouvelles, ne me fais pas scrupule de mêler aux enfants terribles de mon caprice, la chaste Pallas et les neuf Sœurs — en des poëmes souillés de termes « *qui ne sont point du langage relevé.* »

Deux mots de réponse à ce grief.

*
* *

Il est des êtres inertes à ce point, à ce point avares de leur Moi, qu'ils subissent la Sensation sans être tentés de la traduire en Sentiment, loin d'y vouloir puiser les éléments d'une Pensée. — N'est-ce donc point le rôle de l'artiste, que d'analyser ses moindres frissons, et de ne voir, dans les impressions qu'il reçoit du monde extérieur, que matière première à utiliser pour une œuvre individuelle ?

Que le poëte cherche donc, (dans le travail cérébral où s'accomplit la métamorphose de l'Idée première en Pensée définitive,) à mettre le plus possible de soi; mais que, sous couleur d'autonomie artistique, il ne se prive pas de toutes les superbes conceptions élaborées dans le cerveau de ses aînés et perpétuées dans le domaine traditionnel : pour n'avoir pas de réalité objective, ces conceptions n'en existent pas moins, par la toute-

puissance de la Convention; l'artiste les peut envisager et mettre en œuvre comme il ferait de choses sensibles.

L'art grec, notamment, nous a transmis un grand nombre de figures idéales, allégoriques pour la plupart : les divinités païennes, par exemple. — Ne sont-elles pas des personnes, ces sublimes inventions du Poëte, qui ont vécu des siècles dans la foi naïve d'un peuple, et vivent encore, et vivront dans la religieuse admiration de tous ceux-là qui ont à cœur le culte de la Beauté ?

J'aime ardemment l'allégorie, où se condense, en une orme concrète, la pensée, — radieuse sous ce voile pour les Initiés, énigmatique et ténébreuse pour les êtres étrangers à l'art — ce qui est souverainement réjouissant..... Je pense qu'on peut conserver et utiliser à nouveau les belles allégories des anciens, sans renoncer soi-même à en créer de nouvelles : Ainsi la Muse, (tant raillée et anathématisée si fort !) a pour moi des charmes ensorceleurs où s'égarent toute mon admiration et tout mon amour :

— L'on te dit surannée, ô Déesse ! Mais les Êtres réels peuvent seuls vieillir, captifs en la fange qui sans trêve fermente de l'Éternel Devenir; Être idéal, tu demeures éternellement jeune et beau, par le privilège de ton néant divin ! Salut, Inspiratrice, à la fois la Mère et la Fille, l'Amante et la Sœur du poëte ! Tu revêts chacune de ces qualités, tour à tour, au gré de son caprice surhumain — quoi que s'en puisse scandaliser la hideuse et stérile Logique, qui veut tout classer en catégories compatibles ; tout, même les choses incompatibles par leur essence.

Un maître l'a dit : — « Le droit le plus imprescrip-« tible de l'homme est celui de se contredire. »

De ce droit, j'ai largement usé dans les vers que voici, convaincu que la Fantaisie ailée et l'Inspiration illogique doivent être les seuls guides du poëte, dans l'éden illimité d'où nul Iavèh ne le chassera, pour avoir mordu à la pomme d'or.

STANISLAS DE GUAITA.

30 février 1885.

Rosa Mystica

Rose mystique, au doux parfum solliciteur,
Fleur d'ironique amour, de fol espoir sans trêves !
Illusion splendide, épanouie aux grèves
Que dore et transfigure un Idéal menteur !

Moi ta dupe ? — Eh bien, soit !... Pourvu que ta senteur
Évoque en moi l'extase enlaçante des rêves,
Si bien qu'inattentif au vol des heures brèves,
Je savoure la vie en lent dégustateur,

Qu'importe le Réel ? — Divaguer a ses charmes :
Ma candeur attendrie aura de douces larmes
Pour l'être inerte au mal comme inerte au plaisir ;

Et, les yeux clos, flairant la fleur cabalistique,
Je saurai m'absorber et me fondre, à loisir,
Dans le charme imposteur de mon Rêve mystique.

Septembre 1884.

ROSA MYSTICA

ROSA MYSTICA

Gethsemani

A Mademoiselle Rousseil.

I

Jésus pleure à genoux au Jardin des olives,
Et se penche en un geste calme d'abandon,
Pâle front, décoré de grâces maladives. —
Comme la Magdeleine implorant son pardon,
Il pleure à deux genoux, au Jardin des olives.

II

Lui, le Prince du Ciel — triste jusqu'à la mort,
Lève un regard chargé de douleur et de crainte
Vers l'ange rayonnant qui tient la coupe d'or :
L'ange est debout, la paix sur son visage empreinte...
Le Dieu pleure humblement — triste jusqu'à la mort !

III

Et l'ange attend, muet comme un spectre de pierre.
— « O Seigneur, éloignez ce calice de moi !... »
Telle est, Jésus, ta défaillance et ta prière.
Le ciel est calme, la nuit sombre, et le vent froid ;
Et l'ange attend, muet comme un spectre de pierre.

IV

Ah! qu'ils sont loin, les jours de pompeux hosanna,
Quand, divin thaumaturge éblouissant de gloire,
Tu changeais l'eau de source en vin pur, à Cana !...
Car voici la liqueur amère : *il faut* la boire ;
Ah! qu'ils sont loin, les jours de pompeux hosanna !

V

Ton cœur saigne au poignard de l'angoisse future,
Et tes larmes de feu brûlent la mousse en fleurs.
— Tes disciples sont las, et, sur la terre dure
Ils dorment leur sommeil, rêvant aux jours meilleurs...
Ton cœur saigne au poignard de l'angoisse future.

VI

Disciples endormis ! Ciel sourd !... Rien ne répond.
L'ange s'est envolé ; la coupe d'agonie
Est bue, et la sueur sanglante est sur ton front.
Serais-tu pas un dieu, Roi des Juifs ?... — Ironie !
Disciples endormis ! Ciel sourd !... Rien ne répond !

VII

Si le Dieu meurt en toi ; s'il ne reste que l'homme
Qui défaille, et se traîne, et se plaint au néant,
De quel nom, cette nuit, vaux-tu que l'on te nomme ?
— Oui, tu faiblis ; mais ta faiblesse est d'un géant,
Et, si le Dieu n'est plus, il reste mieux qu'un homme :

VIII

C'est à Gethsémani, pleurant comme un enfant,
Que le poëte t'aime, ô Christ, et te révère.
Où tu lui parais beau, sublime et triomphant,
Ce n'est pas en martyr t'immolant au Calvaire ;
C'est à Gethsémani, pleurant comme un enfant !

Mai 1884.

Mystère

Mon Seigneur Jésus-Christ ! Depuis dix-huit cents ans
La morne humanité vient manger et vient boire,
Avidement, à ton calice, à ton ciboire,
L'antidote sacré des instincts malfaisants.

L'ère nouvelle a lui, riche en promesses vaines,
Et le monde d'après vaut le monde d'avant. —
Comme aux brises d'été l'arome des verveines,
Les effluves malsains roulent au gré du vent.

Il n'est d'espoir au ciel, ni de bonheur sur terre ;
Et notre pauvre front, sous le joug du mystère,
O blond Galiléen, se courbe bas, très bas !...

Notre esprit, qui devant ta royauté s'incline,
Voudrait enfin comprendre — et ne comprendra pas
Pourquoi ton flanc divin saigna sur la colline !

  Avril 1884.

L'Autre Nuit

L'autre nuit, j'ai rêvé que les dieux étaient morts.
Toute foi s'écroulait : (Sans crainte et sans remords,
Un grand savant, par des calculs mathématiques,
Ayant prouvé le vide au sein des cieux antiques,
— Et le néant du songe où s'égarait en vain
Notre esprit, assoiffé de mystère divin.)
On voyait, par les jours et les mornes nuitées,
Sangloter les chrétiens, et pâlir les athées,
Et les juifs polluer de cendres leurs cheveux...

— Nul Être qu'on craignît ne dirait plus : « Je veux ! »
Par la bouche d'un prêtre, à la foule infidèle !

— On ne cueillerait plus de lys ni d'asphodèle
Pour orner les autels ou fleurir les tombeaux !
— Toute Espérance irait, éparse par lambeaux,
Se dissoudre sous l'herbe avec la chair humaine !
— Adieu les Inspirés qu'une Voix d'en haut mène
Par l'hostile univers — débiles et puissants !
— Adieu le temple ! Adieu les nuages d'encens
Hantés de visions mystiques !...

        La Détresse
Invincible étreignait la Terre pécheresse :
Non point qu'elle pleurât le ciel désert, les dieux
Chassés par un mortel des séjours radieux...
Mais l'Homme avait compris, plus tremblant et livide,
Que Satan n'est pas mort, que l'Enfer n'est pas vide !

 Avril 1884.

Le Curé de Village

Ses longs cheveux sont blancs. Humble et plein de douceur,
Il vit sa vie étroite au milieu de ses frères,
Les paysans, courbés aux durs travaux agraires.
Peu lui suffit ; pour gouvernante, il a sa sœur.

Sa paroisse, à l'abri du Vice envahisseur,
Dans l'amour du terroir et l'horreur des libraires,
Sous ses yeux paternels croît, loin des vents contraires.—
Il n'a rien du prophète. Il n'a rien du penseur.

Mais son œil de vieillard, qui sourit et pardonne,

Dit une âme candide, alme, et que rien n'étonne ;

Et pour ce villageois j'éprouve un respect tel

Que mon cœur se réchauffe à sa rude parole,

Et que je pense voir, lorsqu'il monte à l'autel,

Autour de son front blanc frissonner l'auréole !

Avril 1884.

Procession rustique

A Félix Fénéon.

Les blés superbement jaunes roulent des ondes
Où pétille, au soleil, de l'or incandescent,
Et les coquelicots à la lèvre de sang
Lancent au ciel le doux baiser des moissons blondes.

Le prêtre à blancs cheveux, qui porte l'ostensoir
Sous le dais éclatant marche, tête baissée.
La foule en blouse bleue est après lui massée ;
Devant lui, des bambins balancent l'encensoir.

L'on prend, sur le coteau, le sentier qui serpente :
Parmi les liserons à la tige rampante,
Le jeune instituteur chapé marche en chausson,

Mêlant aux fausses voix sa voix fausse et hardie.
Mais, (comme tous les cœurs chantent à l'unisson,)
C'est — malgré tout — une adorable mélodie.

Mars 1884.

ΑΝΑΓΧΗ

*

Le brouillard matinal perle en gouttes sur l'herbe,
Et le ciel de turquoise, où monte l'astre clair,
Promet aux paysans dispos un jour superbe.

Un vol de sansonnets s'éparpille dans l'air ;
Pesante, à travers champs se traîne la charrue,
Et la faux, dans les prés, met son bleuâtre éclair.

Le hameau presque vide est sans bruit. — Dans la rue,
Seuls, deux bambins crottés, qui trottent en riant,
Tirent, à bras tendus, sur un poulain qui rue.

Une vieille, au sortir de l'église — priant

Avec ferveur — sur les tertres du cimetière

Trace un signe de croix, d'un geste défaillant.

Tandis que, sur le sol de la verte clairière,

(Cette oasis des bois,) et sur les bruns guérets,

Et par les sillons d'or, sous la chaude lumière,

Le chœur s'épanouit des amoureux discrets ;

Et que les doux soupirs, oiseaux nés de l'ivresse,

Voltigent, envolés des champs et des forêts ;

Voici sur le sentier que s'avance, en détresse,

Comme si contre un ange il luttait corps à corps,

Un prêtre, chancelant au spasme qui l'oppresse :

Son front porte le sceau d'héroïques efforts ;

Ses reins sont faits à la morsure du cilice

Qui de la chair rebelle amortit les transports.

— Va ! tu n'as pas dompté l'Esprit de la malice,

Et, dans le langoureux effluve des halliers,

Le Tentateur insinuant vers toi se glisse !

Le troublant souvenir de tes amours premiers,

(Idylle évaporée au cœur de la fillette,

Mais qui parfume encor les chemins coutumiers,)

S'éveille, Oint du Seigneur, en ton âme inquiète !

. .

N'avais-tu pas seize ans, quand l'Amour t'entraîna

    Palpitant, en sa ronde folle ?

A toi l'enfant aimée à merci se donna...

    L'oiseau se pose --- et puis s'envole.

Ayant vu tournoyer un Serment éternel
>   Dans le tourbillon des chimères,
Plein de l'inanité de ton rêve charnel,
>   Tu pleuras des larmes amères.

Lors, auscultant ton cœur altéré d'infini,
>   Ton cœur par la trahison vide,
Tu pris un rameau vert avant Pâques bénit,
>   Pour y coller ta lèvre avide ;

Et, dans l'apaisement universel du soir
>   Qui fait un cantique d'un râle,
Tu t'en fus à la ville, et triste, allas t'asseoir
>   Dans la nef d'une cathédrale.

Là, de plus près, on sent la majesté de Dieu
>   Planer, énorme, sur la foule ;
Un brouillard de benjoin, très suave et très bleu,
>   Entre les vastes piliers roule.

Le vitrail ogival, poignardé de soleil,
    Saigne sur les dalles obscures,
Et le rayon pourpré frappe d'un clair vermeil
    L'argent et l'or des ciselures.

La lueur carminée et les arômes fins,
    L'éclat des gemmes enchâssées
De vague effroi mystique et de charmes divins
    Baignent les cœurs et les pensées ;

L'extase s'élargit... Un concert enchanteur,
    Souffle d'orgues mélancoliques,
Hausse l'âme éperdue aux pieds du Créateur,
    Au son des harpes angéliques.

. . . .

Pour verser en son sein tes tendresses, (au lieu
    De choisir une fille d'Ève),
Ta belle âme trop pleine eut bientôt choisi Dieu,
    Jeune homme déçu d'un doux rêve.

Loin du clocher natal, et des merles siffleurs
    Qui ne veulent pas qu'on oublie,
Loin des bois, loin des prés, loin des sentiers en fleurs
    Où se promenait ta folie,

Prenant le deuil austère et saint, pour expier
    Ce crime : — avoir bu le calice
Que repoussait Jésus tremblant, sous l'olivier —
    La coupe amère du supplice,

Aux genoux d'un vieillard qui posa sur ton front
    Son doigt étoilé d'émeraude,
Tu renias, saignant encore sous l'affront,
    La volupté fertile en fraude.

Sacré prêtre, nanti d'un triple bouclier
    De foi, d'amour et d'espérance,
Tu t'en revins, sans peur, au hameau familier,
    Berceau fleuri de ta souffrance.

— Ta vieille passion dans la campagne dort,
    Et ton dédain la sollicite...
— Elle est morte. — Imprudent ! crains d'éveiller un mort :
    Quelquefois un mort ressuscite !

*
* *

L'Été, dans les forêts vertes, fait bouillonner
L'intarissable flot de la sève féconde,
Et, dans le cœur de tout mortel, tourbillonner
    L'Amour, qui repeuple le monde.

Comme il faut, (car tels sont les destins malfaisants,)
Que les races sans fin boivent la vie amère,
L'impérissable Erôs fait jaillir, tous les ans,
    L'Éternité de l'Éphémère !

Décembre 1883.

Dans l'Église

Le clair soleil paraît. — Soudain, des pierreries
Semblent éclore à tout vitrail, comme des fleurs,
Et des rayons follets de toutes les couleurs
Voltigent sur les murs et sur les draperies.

Le blanc mat des piliers massifs, des galeries
Et des dalles s'éclaire, où — parmi les pâleurs —
Flambent des trèfles : bleus, roses…. — ensorceleurs !
Ce ne sont que bouquets de lumières fleuries.

Parfois je m'imagine, en l'église rêvant,

Que les Esprits des Chrétiens morts, (qu'un léger vent

Matinal — comme un vol de sansonnets — apporte,)

Dispersés dans la nef, chacun de son côté,

Perchent sur l'orgue, ou sur l'autel, ou sur la porte,

Pour chanter à mes yeux leurs hymnes de clarté !

Avril 1884.

Hymne intime

Dans l'appel de la cloche au matin, le dimanche ;
    Dans l'angélus lointain du soir ;
Dans le port des enfants de chœur en robe blanche,
    Qui vont, balançant l'encensoir ;
Dans l'ample voix de l'orgue, et dans l'apothéose
    Du clocher sur le couchant d'or ;
Dans l'énervant parfum de l'encens ; dans la pose
    D'un vieux prêtre au chevet d'un mort ;

Dans la procession où la foule massée
>   Va, lente, et psalmodie en chœur ;
— Dans tout cela, je sens s'abîmer ma pensée
>   Tout attendrie à contre-cœur :
Et, frissonnant plus fort de mon trouble mystique,
>   Je me demande avec émoi
D'où sort l'involontaire et superbe cantique
>   Qui vibre et chante au fond de moi !

Juillet 1884.

FLEURS D'OUBLI

FLEURS D'OUBLI

Notre-Dame d'Oubli

I

Vierge au calme front, Notre-Dame d'Oubli,
Douce est votre voix qui berce, aux jours néfastes,
En de bleus sommeils, l'infortuné pâli :
Pour son pauvre cœur, d'amertume rempli,
Douce est votre voix, et doux sont vos yeux chastes,
Vierge au calme front, Notre-Dame d'Oubli !

Quand tout nous abandonne,
Prenez pitié de nous :
Nous tombons, ô Madone,
A vos genoux !

II

Votre main d'albâtre, ô Mère généreuse,
Tient le calice où dort la Sérénité,
Philtre ensorceleur des cerveaux, où se creuse
La tombe du Spleen et de l'Anxiété...
— Posez sur le front du poëte attristé
Votre main d'albâtre, ô mère généreuse !

A vos genoux
Nous tombons, ô Madone !
Prenez pitié de nous
Quand tout nous abandonne !

III

Le Déshérité vous allume un autel
En son pauvre cœur, d'apaisement avide.
A tous souvenirs votre culte est mortel ;
L'homme sait cela ; mais son amour est tel
Qu'en son pauvre cœur, désormais morne et vide,
Le Déshérité vous allume un autel.

    Quand tout nous abandonne,
    Prenez pitié de nous :
    Nous tombons, ô Madone,
    A vos genoux !

IV

Vous ouvrez encor le Refuge suprême
A notre Esprit las, atone ou harassé ;
Et mieux que le prêtre, à l'onction-extrême,

Nous corroborez, avec votre saint-chrême!...

O Vierge terrible, à l'œil chaste et glacé,

Vous ouvrez encor le Refuge suprême!

  Ayez pitié de nous

  Quand tout nous abandonne :

  Nous tombons, ô Madone,

   A vos genoux !

Janvier 1884.

Le Marbre ironique

> Oh ! sous le soleil cru, qui nous saura décrire
> Les sépulcres tout blancs, et leur éclat de rire !
>
> C'est là votre rictus, ô crânes impudents,
> Qui montrez la hideur de vos trente-deux dents !
>
> S. DE G.

Tandis que la Nature impassible et sacrée

Met son calme béni sur l'horreur des tombeaux,

Et, sur la chair humaine éparse par lambeaux

Laisse l'Oubli fleurir avec la centaurée ;

Sur la fosse récente, (oh ! le marbre insolent

Et cruel d'étaler sa candeur ironique !...)

L'homme lugubrement sacrilège et cynique,

Fait éclater de rire un grand sépulcre blanc.

Moi qui veux, pour les deuils, de compactes ténèbres,

Et les apaisements de l'éternel Oubli,

Je m'alarme de voir le marbre blanc poli

Railler la Majesté des demeures funèbres.

Octobre 1883.

Les Fleurs vénéneuses

I

Néfastes végétaux au port majestueux,
Vos graines ont germé par une nuit maudite,
Sous l'œil d'un astre fauve, hostile et monstrueux.

Vos noms même, suspects au sage qui médite,
Furent bannis du Verbe, en ces temps anciens
Où savoir vos vertus était chose interdite.

Des *Sagas* de Colchide et des Ègyptiens
Cueillaient, lors, sous l'effroi de la lune sanglante,
Votre racine, chère aux seuls magiciens,

Qui, mariant la Sève acerbe d'une plante
Avec la lymphe morte extraite des os blancs,
Sous l'incantation modulée à voix lente,

Distillaient, vers minuit, ces philtres accablants
Par quoi la chasteté des vierges de la Grèce
Croulait, offrant à nu le trésor des beaux flancs.

Les hommes, ballottés au vent de la détresse,
Sur l'océan du Spleen — en tous temps, en tous lieux —
Fleurs fatales, ont bu votre suc, dont l'ivresse

Les a guidés au port du trépas glorieux !...
Ceux-là vous ont chéris, (O dictames tragiques),
Que gorgeait le dédain des hommes et des dieux. —

Mais Nous, qui redoutons les Puissances magiques
Et l'occulte Science, et l'Ombre, et la Fureur
De vos effluves noirs puissamment léthargiques,

Nous ne parlons de vous qu'en frissonnant d'horreur !

II

Pourtant, Fleurs dangereuses,

Vous êtes généreuses

Parfois — et guérissez

    Les cœurs blessés !

Douce est votre caresse

Aux parias, qu'oppresse

Ce qu'on ne peut bannir :

    Le Souvenir !

Pavot blanc de l'Asie,

Quand la froide Aspasie

Fait ramper l'un de nous

    A ses genoux,

Ton Opium, ô plante,
Lui rend l'âme indolente,
Et, contre le chagrin,
    Toute d'airain,

Et ta Morphine amère
Calme la pauvre mère
Que l'obsession mord
    D'un enfant mort...

Au monstre solitaire
Qui se cache sous terre,
(Tout cœur demeurant sourd
    A son amour),

Divin Haschisch, tu livres
Les belles houris ivres
— Aux lèvres de corail —
    De ton sérail.

. . . .

Salut, Flore équivoque !
L'infortuné t'invoque :
Dompteuses de douleurs,
    Salut, ô Fleurs !

Soyez bénis, en somme,
Sucs qui versez à l'homme
Au visage pâli
    Le calme OUBLI !

Février 1884.

L'Oubli

LE POUR ET LE CONTRE

Majestueux Néant des choses abolies !
Sépulcre des Grandeurs et linceul des Folies !

Gouffre vorace ! Mer insondable ! Lac noir !
Oubliette creusée au ventre du manoir !

Fosse commune, où ta chaux vive, Indifférence,
Ronge la Gloire humaine et l'humaine Espérance !

Où se sont écroulés de vieux cultes défunts,
Embaumés dans l'orgueil des mystiques parfums ;

Où s'effondrent les Noms, les Œuvres et les Actes :
Avalanche éternelle ! Énormes cataractes !

Oubli ! faste ironique et hautain du tombeau !
Défi qu'il jette à la longévité du Beau !...

Oh ! sous le soleil cru, qui nous saura décrire
Les sépulcres en cercle et leur éclat de rire ?

C'est là votre rictus, ô crânes impudents
Qui montrez la hideur de vos trente-deux dents !

— Trépas ! [destruction physique], je t'adore
Et te hais : je bénis et je maudis Pandore.

— Je t'aime et je te hais, de vertige rempli,
[Destruction morale], inéluctable Oubli !

Car tous deux vous brisez en sa fleur la Souffrance,
Et par vous poind au ciel l'aube de Délivrance ;

Mais vous tranchez l'Orgueil et la Gloire, tous deux,
O Spectres à la faux, superbement hideux !...

Janvier 1884.

Cœlestia fata

(TERCETS COSMIQUES)

Globe pétrifié, lépreux et froid — la Lune
Errant, défunte, au ciel, roule son infortune :
— Vous périrez ainsi, Jupiter et Neptune !

Mercure, Uranus, Mars, ainsi vous périrez !
Et toi, Saturne, effroi des esprits timorés !
Et toi, Vénus, témoin des cœurs enamourés !

Et tu mourras aussi, nourrice auguste, ô Terre !
Le vieux Soleil, mélancolique et solitaire,
Luira sur le néant du monde planétaire :

Sur les tombeaux errants des peuples abolis,

Des grands peuples drapés au linceul des Oublis,

Au linceul noir dont rien n'agitera les plis...

Ironie !... — Où seront à cette heure, planètes,

Vos arbres verts ? Vos fiers palais ? Vos grands poëtes ?

Vos conquérants ? Vos Astartés ? Vos proxénètes ?

Où vos savants ployés au faix de leurs cerveaux ?

Où vos trésors de vie exubérante ? Où vos

Zéphyrs dont flottait l'aile et par monts et par vaux ?

— Plus rien... Mais le Soleil vieillissant, malitorne,

Dardant son œil igné par l'espace sans borne,

Verra de ses fils morts errer le cercueil morne !...

Lors, évoquant l'orgueil des siècles radieux

Où sa postérité peuplait les vastes cieux,

Le Soleil maudira la cruauté des dieux;

Puis, aïeul attristé que l'abandon torture,

Lui-même refroidi, vêtant l'écorce obscure,

(Tels autrefois Vénus, et la Terre, et Mercure),

Le Soleil, à son tour fleuri, vivant encor,

Continuera son vol effaré de condor,

Aveugle — par le ciel fourmillant d'astres d'or.

Janvier 1884.

Jour terne

Gris uniformément, humide et lourd d'ennui,
Le ciel verse un jour terne et qui n'est pas la nuit.
Cette pâleur n'a point l'attirance de l'ombre.
Le mystère croissant du crépuscule sombre
M'est cher ; — j'aime l'effroi de l'heure où les hiboux
Ont des cris menaçants ou plaintifs, en leurs trous
Écarquillant des yeux où le feu pourpre alterne,
Pareils à la clarté rouge d'une lanterne.
— Vous n'êtes point sans charme, ô moments ténébreux
Où le passant chancelle, égaré dans le creux

Des chemins hérissés de ronces agressives.

— Le port majestueux des vieilles tours massives

D'un manoir, que l'éclair, de moment en moment,

Découpe sur le ciel épouvantablement,

Nous frappe de terreur, parmi la solitude.

— Mais de ce ciel pâlot tombent la Lassitude

La Nausée et le Spleen ; — et l'on est dégoûté

D'avoir à vivre encor, d'être et d'avoir été.

Décembre 1883.

Destin féroce

A Jean Rameau.

Je ne sais rien de plus cruel, ô Sort moqueur!
Pour qui marche, portant sa cicatrice au cœur,
Que d'être, sous le joug d'une Force fatale,
Traîné le long des murs où ce cœur ruissela...
— Mais trois fois malheureux, toi qui te dis : « C'est là ! »
Quand tu foules le sol de ta ville natale....

Il n'est pas une rue où le pavé ne soit
Aspergé de ton sang, et ton œil n'aperçoit

Point d'angle où ne surgisse un spectre qui t'assaille !
Pas un trottoir banal qui n'élève la voix
Pour te narguer ; — et si tu te sauves au bois,
Un lambeau de ta chair pend à chaque broussaille !

A toi, l'âpre martyr, à toi, le vieux maudit,
Le vent amer, qui geint entre les poutres, dit :
— « Pleurez, yeux secs ! Vieux cœur cicatrisé, ressaigne !
« Roulez encor, ô flots de pleurs ! Vagues de sang !
« Et toi, front bafoué, courbe-toi, pâlissant !... »
Réprouvé, cherche au monde un être qui te plaigne.

Est-il pas des caveaux et des linceuls épais ?
A défaut de pitié, réclame au moins la paix !
Fuis les ricanements au sein de l'ombre noire !
Qu'Hier dans le Néant s'effondre, enseveli.....
— Mais il n'est rien qui veuille, à ta pauvre mémoire,
Faire la charité suprême de l'OUBLI.

Novembre 1883.

Suprême affront

> Umbræ ibant tenues, simulacraque vita carentûm
> P. Virgilius Maro.

Parmi des buissons roux, béait une caverne
Hideuse, ouvrant sous terre un couloir ténébreux :
Là, je m'aventurai le front bas, amoureux
Des souterrains qui font rêver du sombre averne.

Des hiboux — noirs témoins dont l'œil de flamme alterne, —
Secouaient pesamment leurs ailes, dans le creux
De la paroi rocheuse ou du plafond ocreux.
Un feu follet errait, vacillante lanterne.

Des Esprits effarés voletaient devers moi.
La crypte s'éclaira soudain. — Glacé d'émoi,
Je vis un fleuve lent qui roulait une eau verte.

Tombant à deux genoux, j'eus ce cri : — « Le Léthé !
« Flot clément, sois suave à ma lèvre entr'ouverte... »
Le flot se déroba, sonore — et dégoûté !

Mars 1884.

Le Suicide de l'Oubli

A Joseph Gayda.

I

Ta pourpre, ô Digitale, et ta candeur, ô Lys,
S'effacent dans le deuil sanglotant de l'automne ;
Et mon cœur se resserre, et mon regard s'étonne
Du grand désastre des printemps ensevelis.

Fleurs d'azur ! Roses chairs des vierges ! Fronts pâlis
Des vieillards ! Hymnes d'or que le Génie entonne !
Sous l'éternelle bise au soupir monotone,
Vous roulerez aux noirs Trépas, aux noirs Oublis.

Contre tout ce Néant ma volonté s'insurge :
Je voudrais évoquer, poète-thaumaturge,
Le faste des grands Noms que l'on n'épèle plus,

Et l'orgueil des Contours, et la gloire des Formes, —
Croulés avec l'amas des âges révolus,
Pêle-mêle, dans l'Ombre aux profondeurs énormes !

II

Rien ne répond : le gouffre est sourd ; il ne rend pas
Le nom des morts ; — des morts il ronge la Mémoire.
Nul ne déchiffrera les signes du grimoire
Où le mystère gît des antiques trépas.

Ni, Lucrèce, ta voix — ni le bruit de tes pas,
César — n'empliront plus les échos de l'histoire,
Quand les Siècles, roulant leur flot blasphématoire,
Auront aux noirs maëlstroms charrié des repas.

— Fous sublimes, croyons à la Gloire immortelle !
Oublions, en suivant Homère ou Praxitèle,
Que l'*Oubli* nous assiège, et que Demain nous ment :

Qu'ainsi le Monstre, en notre sein, se suicide
Aux flamboiements de l'Art — comme le grand Alcide
En un linceul de feu, sur l'Oïta fumant !

III

Oui, l'Art est le refuge, et la cithare sainte,
Mieux que l'Opium noir et que la verte absinthe,
Nous peut verser l'ivresse où nous endormirons
Notre cœur flagellé par les futurs affronts.

A nous l'apothéose en des ciels d'hyacinthe !...
Si le divin laurier se dérobe à nos fronts,
Pour créer un Prodige immortel, oh ! jurons
De violer la Muse et de la rendre enceinte !...

Et la fleur fleurira du sacrilège saint !
Vierge chaste jadis, demain auguste mère,
Erato bénira la lourdeur de son sein ;

Et le fruit glorieux de notre injure amère,
L'Enfant, par la Déesse adorable allaité,
Se dressera, vainqueur du Styx et du Léthé !

CHOSES D'ART

CHOSES D'ART

L'Encensoir

A Oscar Méténier.

Dans l'encensoir fumant des strophes, j'ai jeté
Ma peine coutumière et mon bonheur volage,
Tour à tour. — L'encensoir se balance, et dégage
Le complexe parfum de ma sincérité.

Un brouillard en spirale onduleuse est monté,
Qui se fond, dans la nef, en bleuâtre nuage
Où flotte, insaisissable et subtil, le mirage
Des caprices changeants de mon cerveau hanté.

J'offre au lecteur de fruit d'une illusion brève :
Quand il sera sorti de ta chapelle, ô Rêve !
Adieu l'enivrement des parfums précieux !

Rien ne lui restera des splendeurs purpurines...
Mais le faste menteur aura rempli ses yeux,
L'arôme fugitif dilaté ses narines !

Février 1884.

Décadence

> Le style de décadence... Style ingénieux, compliqué, savant, plein de nuances et de recherches, reculant toujours les bornes de la langue, prenant des couleurs à toutes les palettes, des notes à tous les claviers, s'efforçant à rendre la pensée dans ce qu'elle a de plus ineffable, et la forme en ses contours les plus vagues et les plus fuyants.....
> Ce n'est pas chose aisée, que ce style méprisé des pédants, car il exprime des idées neuves avec des formes nouvelles et des mots qu'on n'a pas entendus encore.
>
> Théophile Gautier.

A Léon Sorg.

I

Art suprême du vers ! Art de la Décadence

Moderne ! — Mauvais goût exquis ! — Outrecuidance

Du Verbe, dont la robe a des paillettes d'or,

Et les épaules, des ailes, comme un condor !

Rhythme savant, desordonné, rhythme où s'égare

L'oreille paresseuse ! — Effroyable bagarre

Où le bon sens bourgeois ne se reconnait plus !
O labyrinthe des poëtes chevelus !...

O labyrinthe éblouissant de pierreries !
Temple où la majesté des Idoles chéries
Rayonne — vierge de tous profanes regards —
Sous des flots bleus d'encens, devant nos yeux, hagards
D'extase !... — Pourquoi pas ? Nous sommes fanatiques,
Nous, héritiers tardifs des bardes romantiques ;
Mais la sérénité sied à notre dédain
Pour le doux rêvasseur au lyrisme anodin :
Le plus humble de nous a des pitiés sans borne
Pour l'inintelligent élégiaque morne
Qui vomit en distique ou soulage en tercet
Son admiration béate sur Musset,
[Ce fils gâté de l'Art, gaspilleur de génie,
Qui, sans rimes, roula des torrents d'harmonie
Dont chaque flot, grossi de nos pleurs, s'est jeté,
Superbe, aux gouffres bleus de l'immortalité !]

II

O Décadence ! Gloire !... — A nos aïeux antiques,
Frères, chantons en chœur de triomphaux cantiques !

— Stace ! Apulée, et toi, chèvre-pieds Martial,
Poëtes décadents ! Notre chant filial
Doit vibrer jusqu'à vous, nos ancêtres de Rome !
— Jusqu'à toi, Claudien ! — A toi, Juvénal, homme
Dont la colère a fait flamboyer sur César
Le formidable arrêt, terreur de Balthazar !
— Glorifions vos noms illustres, ô nos Maîtres !
Que notre gratitude, enclose au cœur des mètres
Retentissants, s'essore et vole à vos tombeaux
Chanter l'hymne pieux des poëtes nouveaux ;
Et répande à foison, sur vos cendres chéries,
Nos hommages, tressés en couronnes fleuries !

III

Comme vous — nous ferons scintiller des joyaux
En notre style, et sculpterons, en des noyaux,
De fabuleux palais aux colonnades folles !
— O Lilliput ! ô rêve !... Et nos rimes frivoles
Tintinnabuleront, clochettes de saphir
Et d'émeraude, au vol effréné du zéphyr,
En des beffrois où la fourmi la plus petite
Se blottirait — comme un soldat dans sa guérite.
Et nous enlacerons, en des rhythmes subtils,
La rareté de nos sentiments, fussent-ils
Plus ténus que des fils de vierge, et plus étranges
Que les tissus orientaux aux riches franges !

Décembre 1883.

Labeur stérile

Sur son front jeune encor l'Espoir se réverbère.
La foi le transfigure ; il s'acharne, et courbant
Sa fierté maladive au labeur absorbant,
Tend à la Gloire humaine une lèvre impubère.

Mais la Gloire est rebelle aux enfants ; elle accourt
Baiser au front l'artiste, et chanter son génie,
Quand, vieillard insensible à ce semblant d'amour,
Il râle et se débat aux mains de l'agonie.

L'humble inconnu, défunt, est proclamé géant ;
La Gloire sur sa fosse élit un sanctuaire,
Et là, veille et larmoie aux portes du Néant,
Comme un cierge banal sur un drap mortuaire.

Août 1884.

Pueri dùm Sumus!

La forêt verte chante en sa robe de fête. —
Écoute, jeune enfant qui seras un poëte :
Car de tes yeux bistrés, avides d'infini,
Le stupide enjoûment puéril est banni ;
Et tu marches, rêveur, grave — presque morose,
Beau comme un lilas blanc, ou mieux comme une rose
Très pâle ; et tes cheveux bouclés flottent au vent,
Et, dans ton faible corps, palpite un cœur fervent !

Ami, recueille-toi : Lève ta jeune tête
Au ciel ; ouvre tes yeux scrutateurs, ô poëte !

Écoute tous les chants des brises, tous les chants

Des oiseaux — si mélancoliques et touchants,

Ou, comme un rire clair, ruisselant d'allégresse !

Sur ton front consacré, déjà la Muse tresse

Le laurier noir, et les épines, et les fleurs

Où brille la rosée — où scintillent des pleurs !

Contemple les beautés ! Écoute les cantiques !

Ouvre toute ton âme aux effluves mystiques,

A présent que tu peux sentir !... — Puisque demain,

Lorsqu'au deuxième pas du périlleux chemin,

Tu voudras, (en un chant concentrant ton génie,)

Rouler sur les jaloux des fleuves d'harmonie :

Mon enfant, si tes yeux sont éblouis encor

Du Beau perçu jadis, et si les chansons d'or

Vibrent dans ta mémoire, emplissent tes oreilles —

Tu pourras condenser les Visions vermeilles

Et l'Harmonie, et les Splendeurs, et tout l'Azur

Dans la strophe enflammée et dans le rhythme pur ;

Souffleter l'envieux, de tes ailes d'archange,

Et le rouler dans sa défaite et dans sa fange !

— Mais par malheur, ami, si ton œil, (oublieux

Des spectacles anciens ; n'ayant plus, vers les cieux,

Le regard qui devine et l'éclair qui pénètre,)

S'ouvre sur la Nature, afin de la connaître

Tardivement, hélas !... Tu verras — mais en vain :

Aux seuls enfants la clef du mystère divin !

Lors, tu ne percevras que des choses banales,

Et le baptême saint des larmes matinales

Ne pourra plus sacrer ton front.

      — Ami, crois-moi :

Verse tous les trésors naïfs de ton émoi,

Ainsi qu'en un flacon, dans ta jeune mémoire ;

Et tu sauras, un jour, l'Extase évocatoire !

Juin 1884.

A la Dédaignée

Muse, qui donc es-tu, dive consolatrice
Qui sur mon front lassé poses ta lèvre en fleur?
Ta bonté vient sourire à ma jeune douleur,
Et tu marches front haut, comme une impératrice.
Souvent je me demande, ô spectre radieux,
Lorsque vient ton baiser en aide à ma détresse,
(Tant il est délirant,) s'il est d'une maîtresse,
Ou d'une mère, (tant il est chaste et pieux!)
Pour tendre que je sois, je te respecte encore:
Mère, je te chéris; — amante, je t'adore!

1880.

Comme Athèné du front de Zeùs, ô Muse altière

Qu'évoque notre amour jamais rassasié,

Déesse, tu naquis du front extasié

Des aèdes, charmeurs de l'inerte matière.

Or, tu fus faite ainsi : — le Poëte pieux,

Ouvrant sur l'infini son œil visionnaire,

Fit flamboyer au ciel le Rêve radieux ;

Et, pour éterniser sa forme imaginaire,

A jamais la figea dans l'essence des dieux.

— O douce Illusion à nos cœurs coutumière,

Fantôme fait d'Amour, de Gloire et de Lumière !

De ta bouche où voltige un sourire, souvent,

De ta bouche adorable et fine — et que colore

Un sang fait d'ambroisie et de soleil levant ;

De ta bouche s'échappe, ondoyant et sonore,

Le Logos saint, vêtu du rhythme grave et pur :

Telle jaillit Aphrodité des flots d'azur !...

Et tes larges yeux noirs, [où couve le mystère

Mi-voilé, que ta bouche entr'ouverte doit taire

Jusqu'au jour où, sublime entre tous, paraîtra

Celui par qui, sommé, le Verbe parlera ;]

Tes yeux noirs, langoureux, ou souriants, ou tristes,

Quand tu daignes parfois les baisser jusqu'à nous,
D'un tel enchantement baignent nos yeux d'artistes,
Que nous rampons, ensorcelés, à tes genoux !...

Les hommes, enchaînés à leur argile immonde,
Ne te devinent pas, errante par le monde,
O déesse, et visible aux seuls initiés ;
Et le public s'écrie : — « A bas cette chimère ! »
Mais nous faisons, ô notre Sœur et notre Mère,
Nos pleurs fervents et doux ruisseler sur tes pieds !

— Puisque l'homme vulgaire et dont la vue est brève,
O Fleur superbe, éclose à la tige du Rêve,
Splendeur conceptuelle, ô Reine du jardin
Idéal, n'a pour toi qu'ignorance ou dédain,
Je veux chanter ta gloire impérissable, Rose
Dont la sève est le sang du poëte, et qu'arrose
Le flot perpétuel des larmes de ses yeux ;
Rose mystique — et qu'un zéphyre harmonieux

Sur un rhythme très-lent, fait se bercer sans trêve,
O fleur superbe, éclose à la tige du Rêve!

Décembre 1883.

L'Aimant

Vertigineux aimant de l'Azur idéal
    Vers qui tout Être noble oscille,
Mes yeux sont-ils de fer, ou d'un autre métal
    A tes attirances docile?

J'ai beau darder en bas mon regard. — Sur le sol
    Il se sent exilé sans trêve.
Mon front, comme au soleil la fleur de tournesol,
    Se dresse vers l'astre du rêve!

Mon pied s'écorche aux durs cailloux, et les buissons
    Déchirent ma chair... Et qu'importe ?
La prunelle au zénith, (curieux des chansons
    Que la brise errante m'apporte,)

Je trouve, en contemplant les sereines splendeurs
    Des grands ciels violets ou roses,
L'Oubli des maux, dans les mystiques profondeurs
    Ruisselantes d'apothéoses !

Le vol éblouissant de mes Pensers, vêtus
    De rhythmes, en guise de voiles,
— Tels voltigent au vent des milliers de fétus —
    Montent, montent jusqu'aux étoiles ;

Et dans mon corps meurtri, lassé, silencieux,
    Rien ne reste plus de moi-même :
Mon Être véritable a rejoint, dans les cieux,
    L'aimant que j'adore — et qui m'aime.

— Ta fonction, Cerveau mortel, t'enorgueillit,
　　Étant auguste et solennelle :
— Tu n'es, mon front, qu'un moule obscur, et d'où jaillit
　　La Pensée, éployant son aile !

Janvier 1884.

Les Bras tendus!

L'ATLANTIQUE, éveillant ses fureurs ululantes,
S'acharne au rude assaut des falaises croulantes.
    Le flot bondit, et se confond
Avec le firmament qui s'effondre en nuée,
La voix rauque du ciel se mêle, exténuée,
    Aux plaintes de la mer sans fond.

Sur la dune gémit un chêne séculaire,
Géant noir qui se tord dans la bise en colère
    Sous l'éclaboussure du raz.

Implorant le terroir maternel, comme Antée,
Il tend — à contre-sens de l'onde tourmentée —
    Vers le sol natal ses longs bras.

Ainsi souvent, mordu d'une impossible envie,
Tournant le dos aux noirs abîmes de la vie
    Que j'ai vainement explorés,
Vers l'Idéal qui fait sur moi frémir son aile,
Et vers ta gloire d'or, Béatrix éternelle,
    Je tends deux bras désespérés !

    Février 1884.

Défaillance

A Edmond Haraucourt.

Nous avons, bardes fiers glacés dans notre zèle,
Vu nos illusions l'une après l'autre choir ;
La Chimère inconstante a déçu notre espoir ;
La Sirène a lassé nos bras tendus vers elle.

Notre culte s'écroule et notre foi chancelle.
Pontifes, en nos mains s'est brisé l'encensoir ;
Rameurs, nous sentons l'eau gagner notre nacelle,
Et la mer est immense, et l'horizon est noir.

— Tais-toi !... Sois brave et lutte encor : l'angoisse est brève,
L'épreuve est passagère, et l'Orgueil infini
Saura rendre la vie aux cendres de ton rêve...

Christ a pleuré lui-même au mont Gethsémani,
Et, sur le Golgotha, le cœur percé d'un glaive,
Lui-même, il a crié : — « Lamma Sabacthani ! »

Septembre 1884.

A un Poëte

Que si nulle âme-sœur ne répond à votre âme,
Poëte épris d'un Idéal cher à vous seul,
Drapez-vous, sans rancune et sans phrase de drame,
Dans votre solitude, ainsi qu'en un linceul :

Qu'importe ? — Vous n'aurez qu'à lancer dans le Vide
Dont les gouffres obscurs soudain resplendiront,
Et dont s'empourprera la profondeur livide,
Tout ce qui germe, emprisonné, sous votre front !

Et l'Infini, peuplé de vos Rêves splendides,
Sera votre patrie — et l'Idéal aimé,
Soleil, rayonnera dans les hauteurs candides,
Comme un roi glorieux de vous seul acclamé.

Vous seul habiterez la terre de vos songes
Où votre esprit pourra, las des réalités,
Se gorger à loisir de savoureux mensonges,
Et dormir dans l'oubli des mondes habités ;

Car le poëte doux, qu'on exile ou qu'on raille,
Pour humble qu'il paraisse, est un magicien :
S'il passe, insoucieux de la foule qui braille,
C'est qu'il poursuit, là haut, son rêve aérien !

Avril 1884.

A Horace

Rimeur d'odelettes sublimes
    Avant Ronsard !
Adepte badin du grand art,
Ils sont d'or, les vers que tu limes !

Si nous t'avons tous blasphémé,
    Illustre maître,
Avant de t'avoir pu connaître
Et, partant, de t'avoir aimé,

Nous implorons de ta clémence
>> Notre pardon :
Qui n'a pas mordu le chardon
A son quart d'heure de démence?

Nous t'avons maudit bien souvent,
>> O mon Horace !
Tes plus beaux vers portent la trace
De notre courroux — au couvent :

Quand — titre à tes odes lutines —
>> Nous inscrivions :
« Pensum », crois-tu que nous buvions
L'hydromel des muses latines ?...

Dans le noir collège odieux
>> On nous enseigne,
— Si qu'à l'avouer mon cœur saigne —
La haine et le mépris des dieux.

Mais les dieux, exempts de rancune,
Versent encor
Sur les ingrats vos rayons d'or,
Poésie — ou Soleil — ou Lune !

Phœbus a vidé son carquois ;
Il nous pardonne,
Et notre faible esprit s'étonne
De ses audaces d'autrefois ;

Reniant notre ire première,
Nous pâlissons
D'avoir été des polissons...
Et nous acclamons la lumière !

Avril 1883.

A Pierre de Ronsard

Tu feus docte ouurier : le sciſel sçeus tenir
Par quoy la rime d'or eſt faicte étincellante.
Tu cogneus en quels cieulx, comme vne eſtoile lente,
La belle œuure ſe lèue aux peuples à venir.

Car le courſier Pégaze, oyant lequel hanir,
Par ſa bride tu prins d'vne main point tremblante
Et planas ſur l'Enuie à la geule ſanglante
Qui ſoy-meſme ſalit, cuidant d'aultres ternir.

A PIERRE DE RONSARD.

Quels lauriers verdiſſans fleurit la gloire ardeuë,
Ceulx-là premier cueillis, en la riche eſtendeuë
Où ton génie ardent te ſouffrit prendre eſſor.

Ton fantôſme vng chaſcun d'vng poëte deuine,
A cauſe de ſa ioue, où paroît roſe encor
Le ſuçon careſſant de la Muſe diuine.

Décembre 1883.

A Charles Baudelaire

> O mort, vieux capitaine, il est temps : levons l'ancre :
> Ce pays nous ennuie, ô Mort ! appareillons !
>
> *Les Fleurs du mal.* Le Voyage.

C'est en jaspe sanguin, de vieil or incrusté,

Maître, que le poëte au cœur chaud t'édifie

Un sépulcre : le jaspe fraternel défie,

— Comme tes vers — l'affront de l'âpre vétusté.

Or l'envie est muette ; et le Siècle, dompté

Par ton rhythme enchanteur, Maître, te déifie,

De Paris à Moscou — jusqu'à Philadelphie ;

Et ton nom, clair de gloire, aux astres est monté.

L'Ame Mystique vit son rêve d'outre-tombe :
Montre-toi donc, poëte, et que le rideau tombe,
Qui voile l'élysée où sont les demi-dieux !

Ouvre un œil agrandi d'extase coutumière
Sur le chœur prosterné de tes enfants pieux
Qui font vibrer vers toi leur hymne de lumière !

Décembre 1883.

A Laurent Tailhade

Dans le charme énervé de votre poésie,
Se mêle à des senteurs d'aubépine et de thym
Un effluve imprévu de chrême et d'ambroisie ;
Et l'ardeur florentine au luxe byzantin.

— Culte équivoque, ensorceleur et clandestin,
Compliqué de candeur savante et d'hérésie :
Vous servez au démon de votre fantaisie
Et le nectar mystique — et l'encens libertin !

Vous drapez — au boudoir où votre amour s'étale —
En un manteau de gravité sacerdotale,
La Mièvrerie exquise où vous vous complaisez;

A moins que, plus sincère, abdiquant l'ironie,
Sur un fond de vieil or, de pourpre et d'harmonie
Vous ne plaquiez la gamme ardente des baisers.

Septembre 1884.

A Maurice Barrès

Maurice, ô mon ami, je t'aime et te ressemble :
Tantôt joyeux sans cause ou tristes sans raison,
Nous allons, par la main, vers le même horizon,
Nous qu'un commun destin côte à côte rassemble.

Si notre tempe brûle, ou si notre pied tremble,
Frère, glorifions ce mal sans guérison :
A la coupe où distille un savoureux poison,
Nos lèvres d'insensés s'abreuvèrent ensemble !

Par la fièvre du Beau consumés, sans blêmir,

Et sans désavouer notre belle folie,

(Que le soleil nous arde, ou que le vent nous plie,)

Rêveurs et fraternels, marchons vers l'Avenir !...

Mais la grande Erato ne veut pas qu'on oublie,

Et change en perles d'or les pleurs du Souvenir.

Juin 1884.

REMEMBER

RËMEMBER

Remember

I

LE FLACON

A Maurice Barrès.

Vieux flacon serti d'or, ma main religieuse
Fit tourner le bouchon d'agate précieuse
    Dans ton col de cristal ;·

Une plainte vibra, languissante et voilée ;
On eût dit une voix de naguère, exhalée
    En un souffle vital.

Une odeur bien connue, et très subtile, et pleine
De souvenirs, jaillit, tiède, comme une haleine
    De ceux qui ne sont plus ;
Comme — aliment mystique à nos mélancolies —
Un posthume soupir de choses abolies
    Et de temps révolus !

Décembre 1883.

II

LE MIROIR

Encadré de bois peint, c'était un vieux miroir. —
Dans la chambre d'hôtel piteusement meublée
Il sommeillait au fond poussiéreux d'un tiroir,
Avec d'anciens rubans : et je compris d'emblée,
(Quand mon regard sonda la profondeur du sien,)
Qu'il gardait parmi vous, reliques défraîchies,
— Tel un œil de vieillard, vague, et qui se souvient —
Le vestige incrusté des choses réfléchies.

O l'étrange miroir ! Mon regard s'alarmait
De sa limpidité par endroits trop douteuse
Où l'image indécise et terne s'embrumait...
Alors, je vis bouger l'ombre solliciteuse.

* *
*

Corps féminins en chœurs obscènes se groupant !
Faces pâles dans les ténèbres s'estompant !
Squelettes ivoirins ! Ciselures d'orfèvres !
Et regards sans prunelle, et sourires sans lèvres !
Tous les fantômes du vieux temps enseveli,
Tous les objets jadis reflétés, pêle-mêle,
Souvenirs s'éveillant confus, battaient de l'aile
Aux sombres profondeurs du miroir dépoli. —

—Spectres, d'où venez-vous ?

— *Or ciselé* qui brilles,
Tu servis, tentateur, à payer quelques filles !

— *Chœurs obscènes*, vous déroulant sur un fond noir,
Vous évoquez encor d'immondes saturnales,
Cultes qu'ont desservis des prêtresses vénales !

— *Faces pâles*, tachant le ténébreux miroir,
Que fûtes-vous, sinon des figures banales
De filous hébergés en cet hôtel piteux !

— *Squelette*, un « épateur », un bohême douteux,
Carabin de rencontre — a fait, en cette chambre,
Claquer tes os blanchis aux vents froids de décembre !

— *Sourires* et *Regards* on ne sait d'où venus,
Vestiges écœurants de baisers inconnus
De plaisirs marchandés ou d'amours éphémères,

Vous avez resplendi sur les lèvres amères
Et dans les yeux, luisant de faim, des filles-mères!

*
* *

Maudit sois-tu, miroir aux spectres odieux!
. . . .
Voix lointaine d'Hier, jalouse, par l'espace
Tu hurles ta colère au Présent radieux,
Comme le chien de garde aboie au gueux qui passe!

Janvier 1883.

Pour avoir péché

A Victor Margueritte.

Au flot de la source enchantée
J'ai bu l'obsession fatale.
J'ai bu l'ivresse ensanglantée
Aux coupes de la Digitale.

Pâle Églantine, sur ma lèvre
Tu as mis ta pâleur mourante.
J'égrène, maladif et mièvre,
Ma romance désespérante.

Sans rien désirer, sans rien craindre,

Je vis ma vie expiatoire :

Dans ma langueur il faut m'éteindre

Comme un cierge dans l'oratoire.

2 Novembre

Dans les peupliers nus le vent pleure. — En l'église
Toute de noir tendue, une foule à genoux
Psalmodie un chant d'ombre. — « *Ayez pitié de nous* »,
Semblent clamer des Voix errantes dans la bise.

La cloche de la tour tinte le glas. — Un deuil
Fatidique gémit sous le ciel gris d'automne,
Comme le sanglot sourd, dolent et monotone
Des ifs sombres, tordus au vent sur un cercueil.

Et mon cœur se lamente, où monte une bouffée

Des choses de naguère — et la voix étouffée

Des morts chéris revient à ma mémoire encor...

Cœur frivole ! Autrefois est-il si vieux ?... — Écoute

Ce long glas, plus plaintif qu'un son lointain de cor :

Ta défunte existence, en ce glas, revit *toute* !

      2 novembre 1883.

L'Oasis

A Paul Bourget.

L'angoisse de la vie écœurante et sans trêve
Me pousse par moments, d'idéal altéré,
Dans l'oasis en fleurs du souvenir sacré,
Pleine des visions de mon enfance brève.

Une aube radieuse et calme en moi se lève, —
Comme fuit dans l'azur un nuage effaré,
Tel ce que j'ai souffert, tel ce que j'ai pleuré ;
Et le Passé tout bleu ressuscite en un rêve !

Mon cœur sent, d'innocence intime refleuri,
Une sève abonder, laquelle avait tari
Aux desséchants reflets du brasier de la vie.

Frissons, vous revoici, que je croyais défunts ;
Et mon âme s'enivre, éperdue et ravie,
Du charme renaissant des anciens parfums.

Décembre 1883.

Le Banc

Oh ! tant que l'hiver dure,
Sevrés de la verdure
Où Mai brode ses fleurs
  Aux cent couleurs,

Que de bardes illustres,
(Las du gaz et des lustres,
Et du bougeoir, fanal
  Par trop banal)

Courent à la campagne,

Avec ou sans compagne,

Acclamer le soleil

    A son éveil !...

La Lyre et la Cithare,

Le Luth et la Guitare

Ont sous leurs doigts vibré,

    Et célébré

L'azur — cette turquoise —

Et la branche où dégoise

Son hymne en la-bémol

    Le rossignol.

— Vous avez dit, poëtes,

Le chant des alouettes

Au brouillard du matin,

    Dans le lointain,

Et — fi des courtisanes ! —
Les amours paysannes :
Cœur chaste qui fleurit,
  Lèvre qui rit !

Vous avez dit les brises
Qui chuchotent, surprises
D'éveiller des chansons
  Dans les buissons.

O fiers dompteurs de mètres,
Pardonnez-moi, mes maîtres,
En ce mois charmant, si
  Je chante aussi

L'heure que j'ai passée
Seul avec ma pensée,
Assis au fond des bois
  Tout pleins de voix !

Je dirai, plus timide,
La mousse et l'herbe humide
Qui mouillaient mes souliers
    Par les halliers,

Lorsqu'à l'ombre d'un chêne
De la forêt prochaine
Je suis allé m'asseoir
    Hier au soir,

Sur l'ancien banc de pierre
Où souvent mon grand-père
Rêvait — le front baissé —
    Du temps passé !

J'ai songé sous cette ombre....
Des Voix chères sans nombre,
Ce soir-là, dans mon cœur
    Chantaient en chœur,

Et je sentais mes veines
Fourmiller, toutes pleines
Du sang libre et joyeux
    Des fiers aïeux !

. . . .

De ce moment suprême
Je fixe en ce poëme,
(Témoin pour l'avenir,)
    Le souvenir !

2 mai 1884.

A M.-B..., Nychtophile

As-tu le cerveau plein de rêves ?
Dans l'ombre sais-tu voir encor
La fleur des espérances brèves
Fleurir de gueules sur champ d'or ?

Amant obstiné des ténèbres,
Dis-nous si ton œil épia
L'horreur des visions funèbres,
Blêmes sur fond de sépia ?...

Comme une lanterne magique,
Quand le cauchemar menaçant
Fait, au mur de la nuit tragique,
Flamboyer ses fresques de sang,

As-tu l'orgueil et le courage
De fixer d'un œil assuré
Le spectre qui te dévisage
Du fond de l'Inconnu sacré ?...

— Salut à vous, Nuits solitaires !
Sous vos plafonds d'ébène et d'or
Le sommeil est plein de mystères :
Le secret d'outre-tombe y dort.

Un destin muet y recèle
Le passé près de l'avenir ;
Et le germe à naître s'y mêle
Aux fantômes du souvenir !

. . . .

Puis, que le Rêve instruise ou mente,
Et qu'importe au poëte doux?
Il fuit la Bêtise infamante
Dans le Dormir clément aux fous,

Et, nocturne visionnaire,
Loin, loin de la réalité,
Dans un éden imaginaire
Il s'exile avec volupté !

Octobre 1884.

Les Idéals vivants

A Jules Lagneau.

Non, vous n'êtes pas morts, dieux des races anciennes,

Vous en qui s'incarna, parfaite, la Beauté :

Hors de nos cœurs, épris de vos grâces païennes,

Votre faste vous crée une immortalité !

O Rêves du poëte, en vous la Forme sainte

A revêtu son mode impeccable et divin :

Dans l'Absolument Beau votre gloire est empreinte,

Que la Raison pédante a blasphémée en vain. —

Quand sombrera le monde au gouffre des désastres,
Vous, de votre splendeur humiliant les astres,
Pardessus les débris, vous planerez encor :

— Sur l'homme ingrat qui vous abreuva d'invectives,
Vos immortelles voix s'élèveront, plaintives,
Modulant un sanglot dans un suprême accord !

Mai 1884.

Le dieu Terme

Dieu souriant, salut! — O Terme, je t'envie :
A tes côtés abonde et s'écoule la vie ;
Ses formes ont passé, passent ou passeront.

Mais tu demeureras — toi qui n'es qu'une pierre —
Bloc inerte et durable, en ton manteau de lierre,
Sans que le faix des ans ride ou courbe ton front!

Diane

Près d'un buisson fleuri de lilas, dans le parc,
La jambe en l'air, décente et très hautaine, et belle
Dans sa double candeur de vierge et d'Immortelle,
Diane en marbre blanc brandit au ciel son arc.

Elle est éblouissante ainsi, la Chasseresse
Cambrant en plein soleil son torse immaculé ;
Et le zéphyr d'avril, comme un galant ailé,
La lutine amoureusement — et la caresse.

Sur son front, toutefois, telle une ombre, on dirait
Voir flotter le brouillard d'une amère pensée :
Serait-ce un repentir de sa vertu passée?
— Déesse vierge encore, oh ! serait-ce un regret...

Un printanier désir de tendresses charnelles?...
— Trop tard ! L'Olympe est mort ! Endymion n'est plus ;
Et toi-même ne dois tes formes éternelles
Qu'à l'art, évocateur des siècles révolus !

Juillet 1884.

Danaé

> Et densos divûm numerabat amores.
> P. Virgilii Maronis Georgica.

> On faisait l'amour, dans le temps ;
> Nous en faisons la parodie!
> JOSÉPHIN SOULARY.

Dans une citadelle aux imprenables tours,

Tu dormais, ignorant Vénus et son ivresse,

Quand du métal impur la brutale caresse

Outragea la candeur chaste de tes contours :

Bondissant à l'affront, et la joue empourprée,

Tu conçus, Danaé, sous l'étreinte de l'Or...

— Par la ruse d'un Dieu vierge déshonorée,

Ton lointain souvenir nous attendrit encor !

Si les temps sont passés de ces amours épiques,
Si l'Or ne grêle plus en perles olympiques,
Jupiter a donné l'exemple étourdiment :

Les hommes dégradés de notre ère fébrile
Tendent le divin piège à la femme... qui ment,
Et qui, sous les baisers de l'Or, reste stérile !

Mai 1884.

Endymion

Adorable pasteur, éphèbe aux flancs nerveux !
Phœbé, (mélancolique et divine amoureuse,)
Baisant dans un rayon ta lèvre savoureuse,
En frissons de lumière épanchait ses aveux.

Toi, tu dormais, ne soupçonnant larmes ni vœux,
Tandis qu'Elle — en la nuit calme et propice — heureuse
D'étreindre un corps chéri de sa langueur fiévreuse,
Égrénait de l'argent dans l'or de tes cheveux.

— Salut, ô le premier d'entre les Lunatiques,

Qui charmas l'astre pâle au fond des cieux antiques,

Et qui fus son amant — sans t'en apercevoir !

— Tels les RÊVEURS, tes fils, quand la lune est levée,

Ont sur le front, parfois — sans même le savoir —

Le baiser d'une amie inconnue et RÊVÉE.

Mai 1884.

Didon

Debout sur le bûcher de myrthe aromatique,
La reine de Lybie, un poignard dans le sein,
Hurle et vagit, déçue en son espoir malsain ;
Et sa fureur s'exhale au ciel, comme un cantique.

— Rome, éblouirais-tu toute l'histoire antique,
Si l'amour, (hypocrite et fatal assassin
Des grands cœurs où s'allume un généreux dessein,)
Eût rivé le héros au plaisir despotique ?

..... Or le fer que Didon brandit, hurlante, en main,
Est le glaive qui frappe et le sceptre qui fonde :
Elle accouche, en mourant, du grand peuple romain,

Et son beau sang royal à gros bouillons féconde
Le germe obscur où dort la gloire de demain :
Le faste des Césars et l'empire du monde !

    Février 1885.

Les Argonautes

Sous des cieux incléments, sur des mers inconnues,
Narguant l'écueil, bravant et forçant le destin,
Voguez, navigateurs, vers le but incertain,
Comme un large albatros prend essor vers les nues !

Jason, Thésée, Orphée, et Pollux, et Castor,
Et vous autres — salut, héros inaccessibles
Qui reviendrez, vainqueurs des luttes impossibles,
Arborant, comme un étendard, la Toison d'or !

— Il n'est plus de Jasons, aux siècles où nous sommes;
La laine des béliers n'est plus d'or, et les hommes
A de pareils exploits ne sont plus façonnés;

Mais nous brûlons d'un feu que rien ne peut éteindre
Et pour l'Illusion féconde sommes nés :
— Voguons vers l'Idéal où nul ne peut atteindre!

Octobre 1884.

L'Atlantide

A Émile Michelet.

⁎⁎*⁎*

Loin de la multitude où fleurit le mensonge
Puisque l'âme s'épure et s'exalte en rêvant,
Au gré du souvenir vogue, ô mon Ame, et songe :
Songe à la cendre humaine éparse dans le vent ;

Songe aux crânes heurtés par le soc des charrues;
Aux débris du passé dans l'inconnu flottant :
Car des mondes sont morts, des cités disparues,
Où la vie eut son heure et l'amour son instant !

⁂

Aux siècles primitifs, une île, immense et belle,

Nourrice jeune encor d'un peuple de géants,

Livrait à ses fils nus sa féconde mamelle,

Et sa hanche robuste au choc des océans.

Cette terre avait nom L'ATLANTIDE. — Des villes

Y florissaient alors, superbes, par milliers,

Avec leurs parthénons et leurs jardins fertiles,

Et leurs palais de marbre aux antiques piliers.

Aqueducs! Monuments massifs, aux colonnades

De jaspe, défendus par de grands léopards!

Coupoles de granit! Innombrables arcades

Brodant de leur dentelle épaisse les remparts! —

L'on eût dit des forêts de pierre. — Les bois vierges
Reflètaient leur verdure aux lacs bleus sans roseaux,
Et l'âme des jasmins et des lys, sur les berges,
Se mariait, légère, à des chansons d'oiseaux !

Un cantique montait d'espérance et de joie
Vers Jupiter très bon, très auguste et très grand :
L'homme tendait les mains à l'azur qui flamboie,
Et le fleuve apaisé priait — en murmurant !...

Mais ce monde, marqué du sceau de la colère,
Devait s'anéantir, sans que rien en restât
Que des îlots perdus sur l'onde tumulaire,
— Seuls vestiges épars où notre œil s'arrêtât !

On entendit rugir les forges souterraines,
Tout le sol s'effondra, secoué brusquement...
Et la mer fit rouler ses vagues souveraines
Sur la plaintive horreur de cet écroulement !

⁂

Cependant, par delà ces monstrueux décombres
Que, sous mille pieds d'eau, tu vois se dessiner,
O mon Ame, entends-tu ?... Du fond des lointains sombres,
De prophétiques Voix semblent vaticiner :

⁂

— « Ainsi les continents, les villes séculaires,
« Les grands monts hérissés de sapins et d'orgueil,
« L'homme et ses passions, le monde et ses colères,
« — Cadavres disloqués et mûrs pour le cercueil,

« Gigantesques amas sans nom, épaves mornes —
« S'engloutiront un jour, (tout étant accompli,)
« Sous les flots ténébreux d'une autre mer sans bornes
« Et plus profonde encor — qui s'appelle l'OUBLI !

« Alors, exécutant la suprême sentence,

« L'ombre, comme un déluge, envahira les cieux;

« Et tout bruit s'éteindra, comme toute existence,

« Dans le néant obscur, vaste et silencieux. » —

Juin 1884.

Rêve royal

A André Tulpain.

Un soir d'été, Louis, quatorzième du nom,
Par la grâce de Dieu, roi de France — chaînon
Éclatant et massif en la chaîne ancienne
Des princes très chrétiens de la Gaule chrétienne —
Louis-le-Grand rêvait : Son regard anxieux
Errait — voguant comme un navire, dans les cieux. —
D'émoi surnaturel frissonnant jusqu'aux moëlles,
Il voyait resplendir, en place des étoiles,
Des lys d'or, usurpant leur splendeur, (comme si,
Respectueux vassal se rendant à merci,

Le sombre azur nocturne arborait la livrée

Royale — et que Louis eût conquis l'Empyrée.)

Rêve de gloire éclos dans le ciel bleu foncé!

En caractères d'or Rêve là-haut tracé !...

— Tel, aux abois des chiens, un chevreuil s'effarouche,

Le roi tremblait, pourtant !...,

                      Le souffle d'une bouche

Invisible courut, froid, par le firmament,

Où pâlirent les fleurs de lys soudainement,

Comme on voit vaciller, vers la fin des orgies,

(Quand passe un courant d'air,) la flamme des bougies.

Puis les corolles d'or, une à une tombant,

Firent chacune au ciel son sillage flambant,

Et neigèrent, durant des heures, dans l'abîme :

Et l'espace s'emplit d'un silence sublime.

Le ciel devint lugubre ainsi qu'un souterrain,

Et ténébreux comme un caveau. — Le Souverain,

Crispant à ses cheveux hérissés ses doigts roides,

Sentit, le long des mains, suer des gouttes froides :
Dans le mystère et dans l'horreur pétrifié,
Il s'affaissa : hagard, blême, terrifié.

Et puis, il plut du sang. — Et puis, comme une aurore,
Dans l'ombre, un gigantesque arc-en-ciel tricolore
Se dessina, blanc, rouge et bleu cuivreux. — Le roi,
Écarquillant des yeux révulsés par l'effroi,
Vit un aigle voler, sinistre oiseau rapace,
Et planer en criant au milieu de l'espace ;
A ses serres d'airain pendait un écusson :
Louis-le-Grand sentit se répandre un frisson,
—Torrent glacé le long de sa chair glaciale :

Ce n'était point l'écu de la race royale !

Octobre 1883.

EAUX-FORTES ET PASTELS

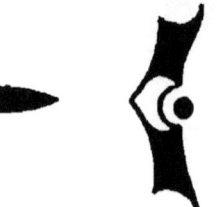

EAUX-FORTES ET PASTELS

Ruine hantée

La roche à pic surplombe, où s'érige un manoir
Colossal, envahi sous la ronce et les lierres.
Les créneaux disloqués, en granit roux et noir,
Ont subi l'assaut lent des mousses printanières.

Parmi les tours, surgit au regard du passant
Le donjon — le spectral donjon — évocatoire
De ces temps dont la fauve et lamentable histoire
Se lit au long des murs, écrite avec du sang.

Vers le sommet, la vieille horloge — remontée
Des mains de ceux par qui la ruine est hantée —
Tinte, et grince en tintant, sur un mode infernal.

Des cris confus, la nuit, montent des oubliettes
D'où l'on voit émaner, jusqu'au jour matinal,
Un reflet de fournaise, à la voix des chouettes.

Juillet 1884.

Coin d'Alger

A Charles Buet.

L'azur incandescent vibre et pèse en silence
Sur Alger. — Les grands quais sont déserts. — Dans le port,
Une forêt de mâts inégaux se balance,
Indolente, au roulis des flots crépitant d'or.

Le soleil fait pleuvoir à pic, sur les mosquées,
Avec sa fureur blanche, un calme assoupissant,
Et les hauts minarets dont elles sont flanquées
Portent jusques au ciel leur faste éblouissant.

Mais plus loin, dans la rue étroite et mal bâtie
Qui grimpe en escalier de maison en maison,
Sous une porte basse où l'ombre s'est blottie,
Un visage fané fleure la trahison :

Un maure est accroupi, patelin et qui semble
Scruter l'âpre ruelle avec l'œil d'un busard,
Tandis que, devers lui, ses trois filles ensemble
Provoquent, en chantant, aux amours de hasard.

— Tremble, étranger, qui pénétrant au vil repaire,
Viens vautrer ton désir sur la natte d'alfa !
Crains, dans l'ombre sanglante et mal hospitalière,
L'éclair du yatagan caché sous un sopha !

L'attraction des yeux de bistre te fascine,
— Noirs diamants de flamme au fond du réduit noir —
Mais le Vice et le Meurtre ont un même terroir,
Et la chatte grivoise a la griffe assassine !

Septembre 1884.

Impression de souvenir

(SPLEEN)

Tel soir, la pleine lune élargissait dans l'ombre
Son orbe pâle et doux. — Les vieux sapins vert-sombre
Tamisaient sur le sol des rêves lumineux;
Et, sur leurs troncs roidis tout bossués de nœuds,
Les saules nus sentaient courir et se répandre
Un frisson de lueur vague, laiteuse et tendre,
Quelque chose comme un baiser venu d'en haut. —
La Seille serpentait dans les fleurs, et son eau
Qu'un reflet gris-d'acier trahissait très profonde,
Semblait ridée au souffle errant d'un autre monde.

Un calme suggestif planait sur ce décor....

Oh! cette nuit d'été, je la revois encor ;
Mais les temps sont si loin, où, dans les prés nocturnes,
J'égarais la lenteur de mes pas taciturnes !
Il est si loin de moi, le désir obsédant
D'errer jusqu'au matin dans l'herbe — cependant
Que tout dort alentour!... — La Lune et sa magie
N'évoquent plus en moi d'ardente nostalgie...

Ton charme despotique a perdu son pouvoir,
Nuit sereine — et ta voix ne sait plus m'émouvoir,
Ta voix molle et qui pleure, ivre de nonchalance,
Ta belle voix de blanc mystère et de silence !

Octobre 1884.

Effet de soir

La lune, en un brouillard laiteux comme une opale,
Se fond, blanche. — Alentour, lumineusement pâle,
Vert lumineusement, trouble et mystérieux,
L'immense firmament nocturne ouvre les yeux.
Du Grand Tout immobile un silence mystique
Semble sortir et s'élever: large cantique
Qui se tait! Hymne saint des mondes recueillis!...
Nous écoutons parfois cet hymne, enorgueillis
D'entendre la parole éloquente des choses...

Et tel, lorsque sourit sur tes lèvres mi-closes
Un silence, Très Chère, eh bien ! je le comprends ;
Tu ne dis rien, mais tes grands yeux sont transparents,
Et dans le calme alanguissant que je respire,
— Doux comme un crépuscule — à vivre en ton empire,
Je me crois transporté sous un vert firmament
Vespéral, où Phœbé met son enchantement.

Février 1884.

La Mélancolie

A Jean Moréas.

Sur le parvis de mosaïque, où des opales
S'animent, par instants, d'un vague et doux regard,
Eparses dans l'azur des turquoises très pâles, —
La Fée est descendue en robe de brocart.

Ses blonds cheveux, cendrés d'argent, sont avec art
Réfrénés par un peigne où des perles royales
Fleurissent; — et, là-haut, les étoiles rivales
Scintillent, et la Lune est à son premier quart.

C'est ici que, foulant des gemmes constellées,

Sur un trône — parmi ses âmes-sœurs voilées,

Pour rêver, chaque nuit, Elle se vient asseoir.

Sans causes, jusqu'à l'aube, en silence Elle pleure,

Si belle, qu'on se sent languir, rien qu'à la voir,

D'un poison savoureux — et dont il faut qu'on meure !

Août 1884.

Une Grisette

A Oscar Méténier.

Elle est toute petite, et si mignonne !... Et frêle
Comme un lys maladif en un jardin d'hiver,
Mais un lys aux senteurs d'ambre et de vétyver.
Sa voix vibre et pénètre — amoureusement grêle.

Vous captivant par son franc-parler, tout d'abord,
La pâlote, rieuse et maligne coquette
Est parfois de galante et facile conquête,
Mais cela par caprice — et jamais pour de l'or.

Une badine en main, notre petite fée,
Se cambrant en sa robe ample et très étoffée,
Déchiffre un madrigal subtil en quatre vers.

Sectatrice, à Paris, des mœurs orientales,
Elle raffole, par un contraste pervers,
De la causette mièvre — et des amours brutales.

Une Mendiante

Mendiante pâlote au minois de gamin,
Maigre enfant si câline à tous, enfant si pleine
De nonchaloir, avec tes yeux de porcelaine
Riant sous leurs longs cils, sans souci de demain,

N'as-tu pas, en tous lieux tendant à tous la main,
Laissé, (comme un mouton perdu sa blanche laine,)
Les lambeaux de ta jupe aux buissons de la plaine,
Le duvet de ta joue aux baisers du chemin ?

N'importe !... Tu parais, dans ta beauté gracile,
La Vénus en haillons des campagnes — facile
Au rire d'or, au somme en plein air, à l'amour !...

— Eh, Toinon, voudrais-tu de l'empire du monde,
S'il te fallait quitter — fût-ce un mois, fût-ce un jour ! —
Ta vie au blond soleil, quêteuse et vagabonde ?

PETITS POËMES

BALLADE DU JOUR ET DE LA NUIT

PETITS POËMES

Ballade du Jour et de la Nuit

ANTITHÈSES

I

Essor à vos voix argentines,
Cloches folles ! Sonnez Matines ! —
Aurore, donne aux églantines
De ta couleur ! —

Éveillez, brises matinales,
Les fraîches ardeurs virginales :
Amour, mène tes bacchanales
    Sur l'herbe en fleur !

Avril : Sursum corda ! foin des vertus banales,
Et claquent nos baisers jusqu'à la Chandeleur !

.

Dans l'arbre, l'arbuste et la plante
Le vent du SOIR pleure à voix lente :
Il fait crier la croix tremblante
    Sur les tombeaux,
Et loin du clocher, silhouette
Dans l'ombre que leur vol fouette,
L'Angelus fait fuir la chouette
   — Et les corbeaux;

Et, du cri de l'orfraie au chant de l'alouette,
Cadavres, vous mordez vos linceuls en lambeaux

II

Midi ! — Sous le soleil torride
Le pré fume ; la roche aride
Se fendille ; — pas une ride
    Sur l'étang bleu ;
Et, de la plaine aromatique,
Monte, monte, comme un cantique,
Une tiède senteur rustique
    Vers l'astre-dieu !

Votre âme s'évapore ainsi, glèbe mystique,
Par la bouche des fleurs, au firmament de feu !

***

Minuit! Douze coups. Vigilance !
Tout est noir. L'effroi se balance
Sur ses deux ailes : — le silence,
L'obscurité ;
L'œil des hiboux s'allume, rouge,
Dans le pin ténébreux, et bouge ;
Telle on voit poindre dans un bouge
Une clarté,

Tandis que l'assassin, aux regards de sa gouge,
Retire du cadavre un fer ensanglanté!

III

Le soleil disparait : Lassée,
L'âme où geint la peine amassée

Se sent à jamais fiancée
　　Au sombre ennui ;
Tandis que les voix de la terre
Semblent s'apaiser et se taire,
Le ciel pâle s'ouvre au mystère
　　Lourd de la nuit ;

Et l'esprit sans ressort, inerte et solitaire,
Sombre, comme un navire, au gouffre où rien ne luit.

⁎⁎⁎

O le MATINAL CRÉPUSCULE !
L'ange du cauchemar recule,
Et l'obsession ridicule
　　S'évanouit ;

Et voici l'Angelus qui tinte,
Et le mur d'ombre qui se teinte,
Où l'aube claire d'hyacinthe
    S'épanouit;

Et, dans le chandelier de la terreur éteinte,
La gloire du matin flambe — et se réjouit!

Décembre 1883.

HYMNE A CYBÈLE

Hymne à Cybèle

A Henry Beauclair.

O notre aïeule à tous, si robuste et si belle,
O toi, ma jeune Rhée ou ma vieille Cybèle,
Ou ma toute puissante et féconde Maïa !
Oh ! quel que soit ton nom, reine de l'Abondance !
Vénérable matrice où germe l'Existence !
Mère du peuplier et du camellia ;

Mère du puceron et du fleuve superbe ;

Mère de l'homme intelligent — et du brin d'herbe,

Mère de la Pensée et mère de l'Amour !...

Nourrice intarissable aux cent mamelles pleines,

Grâce à qui nous voyons les montagnes, les plaines

Se vêtir[1] de splendeur à la clarté du jour !

Toi que j'aime et vénère ainsi qu'une déesse,

Permets-moi d'exalter ton faste auguste ! — Laisse

Un de tes petits fils épandre tout son cœur

En stances de lumière, en poëmes mystiques,

Sur ton autel de roche où les peuples antiques

Faisaient tomber un bouc sous le couteau vainqueur !

Je n'immolerai pas, ô Nature sacrée,

De génisse au poil blanc : La Puissance qui crée

1 Vesta.

Ne se réjouit point d'un flot de sang versé;
Mais artiste elle-même en vastes symphonies,
Se plaît au rhythme pur, aux grandes harmonies,
A l'hymne doux et fier, savamment cadencé...

* * *

Depuis que de mille ans, Terre génératrice,
Gorgée abondamment de sève créatrice,
Vagues-tu sans repos par l'espace profond ?
Sous les flèches d'Erôs, depuis combien d'années
Nourris-tu sur ton sein des races condamnées
Au stérile labeur, comme à l'amour fécond ?...

Ton fils infortuné, vers soixante ans, succombe
A la tâche, et trébuche au tertre de sa tombe,
Les reins las ou rompus, le front jaune ou ridé;
Toi, toujours aussi jeune et toujours aussi belle,

Sous ton grand manteau vert, tu sembles immortelle,
Et ton flanc, sans fatigue, est toujours fécondé !

— Mais, ô Maïa, pardonne à ton enfant d'une heure,
Si parfois il s'alarme, et, devant qu'il ne meure,
Fait vibrer jusqu'à toi son concert de sanglots ;
Quand le travail le brise, ou que le spleen l'obsède,
Il appelle à grand cris la Nourrice à son aide,
Et vers elle ses pleurs roulent comme des flots :

Tu lui réponds alors, ô douce, ô tendre mère :
— « Pourquoi noyer ton cœur dans la détresse amère ?
« De mon calme fleuri contemple la splendeur !
« Vois mes lacs bleus ! Vois mon ciel bleu ! Vois mes mers ver
« Les routes du bonheur, mon fils, te sont ouvertes :
« Deviens farouche et grand en voyant ma grandeur !

« Sous la voûte de mes forêts silencieuses
« Perds-toi ! Je sais guérir les âmes soucieuses...

« Et si, mon pauvre enfant, tu meurs inconsolé,

« Je t'ouvrirai mon sein, où, dans ma paix sereine

« Tu dormiras, — où ma Majesté souveraine

« Drapera d'un linceul ton corps inviolé ! »

*
* *

Donc, c'est pour ta bonté, Nature, que je t'aime !

Louange à toi, Maïa protectrice ! — Anathème

Sur qui n'applaudit point à ton règne éternel !

Reçois mon humble encens !... Moi, frêle créature,

Je t'admire et t'adore, et bénis, ô Nature,

Ton âme harmonieuse et ton cœur maternel !

Mai 1884.

LIED

Lied

A Gaston Dubreuilh.

Si la voix du vent, voyageur frivole,
Dans les peupliers chante tristement,
C'est que l'hirondelle au midi s'envole.
— Si tant de sanglots vers le firmament
Montent aujourd'hui du seuil domestique
Où la mère prie et pleure à genoux,
C'est qu'un fils ingrat part du toit rustique.
— Imprudent oiseau, te reverrons-nous ?...
La bise est amère — et l'aïeule est triste.

— Enfant qui partez seul, à l'improviste,
Des lointains pays nous reviendrez-vous ?...
Morne est la forêt; morne est la demeure :
La bise gémit — et la mère pleure.

CONCORDANCE

Concordance

Près du houx gigantesque une caverne baille,
Du lierre enchevêtré se tord, capricieux,
Au granit dont surgit la massive muraille. —
La roche est grise; l'antre est noir — et dans les cieux

Jaspés de violet, d'outremer et de brique,
Le grand soleil couchant ruisselle en fleuves d'or
Qui flamboie et rougeoie — ainsi qu'en la fabrique
La fonte coule, ignée, en pétillant encor.

Un grondement s'épand, sourd et lent, par l'espace,
Et l'atmosphère pèse, où nul souffle ne court.
Parfois, un corbeau noir, qui semble effaré, passe,
Et, sans pousser un cri, bat lourdement l'air lourd.

Tel un orage aussi gronde au ciel de mon âme :
L'astre qui rayonnait s'effondre à l'horizon,
Et l'attristé reflet de sa mourante flamme
Baise en vain ma blessure âpre à la guérison.

L'Inconnu creuse en moi sa béante caverne,
Et le mal d'exister, sous un astre inclément,
Verse — échanson cruel — les affres de l'Averne
Dans l'urne de mon cœur, courageux vainement !

LA SEINE CALOMNIÉE

La Seine calomniée

> Et tu coules toujours, Seine, et tout en rampant,
> Tu traînes dans Paris ton corps de vieux serpent,
> De vieux serpent boueux, emportant vers tes hâvres
> Tes cargaisons de bois, de houille et de cadavres !
>
> PAUL VERLAINE, *Poèmes saturniens.*

> La Seine est l'égout le plus sordide de Paris.
>
> E. V.

A Joseph Caraguel.

Je me suis dit, (voyant la Seine

Rouler sous les ponts ses flots verts,

Calme, à travers

Tes détritus, cité malsaine,)

Que les poëtes, en leurs chants,

Sont bien méchants !

Laisse gronder la calomnie,
O fleuve! Si, dans ton miroir
    On a pu voir
Les hideurs et la vilenie
Que reflète, avec un sanglot,
    Ton triste flot;

O tombe errante, es-tu complice,
Quand, sous un ciel noir, l'assassin
    Rougit ton sein,
Et, narguant l'affre du supplice,
Jette sa victime au courant
    Qui fuit, pleurant?...

Moi, je te sais innocent, Fleuve!
Prolonge ton murmure amer
    Jusqu'à la mer!

A ton cours un peuple s'abreuve...
Mais l'enfant mord le sein maigri
    Qui l'a nourri !

Paris ingrat qui te bafoue
Ne songe point — le gueux pervers —
    Que tes flots verts
Lavent son front taché de boue,
Et daignent blanchir, en passant,
    Ses mains de sang !

Novembre 1883.

SPIRITUS FLAT UBI VULT

Spiritus flat ubi vult

Vénus, planète-sœur vers qui je tends les mains,
S'il est vrai qu'engendrant la Vie et la Pensée,
Dans les tourbillons bleus éperdûment lancée,
Tu livres ta mamelle à des êtres humains,

Et que l'Amour — prêtre éternel — par tes chemins
Amène rougissante et la face baissée
Vers le jeune homme ému la belle fiancée
Au souffle nuptial des lys et des jasmins :

En ce moment, peut-être, un homme, sur la terre,

Désespéré, languit — ou brûle, solitaire,

L'œil au ciel, éperdu d'un impossible amour,

Cependant que, là haut, se consume une femme

Triste et les yeux fixés au terrestre séjour...

Et qu'en ces deux cœurs chante un même épithalame !

Septembre 1884.

LE NÉNUFAR

Le Nénufar

La fleur palustre éclôt aux braises des étés,
Toute blanche — pareille à l'ennui que notre âme
Marie avec l'orgueil de ses satiétés,
Lorsqu'elle est lasse enfin des cris de mélodrame
Et du tréteau forain si cher aux révoltés !

Elle dort, indolente, et mate, et sans arôme ;
Elle dort, calme, ainsi que l'eau calme qui dort.
Pas un souffle dans l'air brûlant ; pas un accord ;
La harpe des grands bois se tait. Des frissons d'or
Vibrent seuls, ruisselant de l'azur monochrôme.

— En tes veines se fige un suc fade et glacé,
Nénufar! Il guérit de l'éternelle fièvre
Que l'Amour dans les plus nobles cœurs a versé :
Sitôt que ta corolle effleure notre lèvre,
La nourrice Vénus à tout jamais nous sèvre...

C'est pourquoi je te hais, Nénufar!... — Nénufar,
Sois maudit des amants, maudit des amoureuses !
Ainsi qu'une Phryné la lèpre sous son fard,
Tu caches sous ton teint, ô bellâtre blafard,
L'incurable langueur des âmes douloureuses !

    Mai 1884.

LE PARTERRE

Le Parterre

Parterre ensorcelé, fleuri de tristes rêves,
Où souffle un vent évocateur de maux sans trêves,

Un vent triste et bougon qui, sur les pauvres fleurs,
En guise de rosée, épand de larges pleurs ;

Et sous un ciel éteint, sinistrement tournoie,
Imbu de ton relent, ô ma défunte joie ;

Et roule les clartés des jours qui ne sont plus :
— Valse pâle de feux-follets irrésolus ! —

Et comme, au vent du nord, vont les feuilles des roses,
Mêle dans l'air le vol de mes pensers moroses...

***

En un tout petit coin, des Illusions d'or
Daignaient fleurir à part et me sourire encor :

Grâce à cette oasis, tu me semblais bien douce,
O terre de la ronce et terre de la mousse !

Pauvre jardin, fascinateur comme l'aimant,
Où revenaient mes pas inévitablement ;

Où penchait le front las de ma mélancolie
Qui va pleurant, qu'elle médite ou qu'elle oublie !

Ta palissade est effondrée, et tout manant,
Tout seigneur, tout bourgeois peut entrer, maintenant!

Ma terre n'est plus mienne, et je vais fuir loin d'elle :
Chacun peut y cueillir le myrthe et l'asphodèle!

FIN

TABLE

TABLE

	Pages.
Préface	4
Rosa Mystica	65

ROSA MYSTICA

Gethsémani	69
Mystère	74
L'autre Nuit	76
Le Curé de Village	78
Procession rustique	80
Ἀνάγκη	82
Dans l'Église	89
Hymne intime	91

FLEURS D'OUBLI

	Pages.
Notre-Dame d'Oubli.	95
Le Marbre ironique.	99
Les Fleurs vénéneuses.	101
L'Oubli	106
Cœlestia fata	109
Jour terne	112
Destin féroce.	114
Suprême affront.	116
Le Suicide de l'Oubli.	118

CHOSES D'ART

L'Encensoir.	125
Décadence	127
Labeur stérile	131
Pueri dùm sumus !.	133
A la Dédaignée	136
L'Aimant.	140
Les Bras tendus !.	143
Défaillance	145
A un Poëte.	147
A Horace	149
A Pierre de Ronsard	152
A Charles Baudelaire.	154

A Laurent Tailhade	156
A Maurice Barrès.	158

REMEMBER

Remember. — I. *Le Flacon*.	163
— II. *Le Miroir*	165
Pour avoir péché.	169
a Novembre	171
L'Oasis.	173
Le Banc	175
A M.-B..., Nychtophile	180
Les Idéals vivants	183
Le dieu Terme	185
Diane.	186
Danaé.	188
Endymion	190
Didon.	192
Les Argonautes	194
L'Atlantide.	196
Rêve royal	201

EAUX-FORTES ET PASTELS

Ruine hantée	207
Coin d'Alger	209
Impression de souvenir	211

	Pages.
Effet de soir.	213
La Mélancolie.	215
Une Grisette.	217
Une Mendiante.	219

PETITS POËMES

Ballade du Jour et de la Nuit.	223
Hymne à Cybèle	231
Lied.	239
Concordance.	243
La Seine calomniée.	247
Spiritus flat ubi vult	253
Le Nénufar.	257
Le Parterre.	261

FIN DE LA TABLE

Achevé d'imprimer
Le neuf avril mil huit cent quatre-vingt-cinq
PAR
ALPHONSE LEMERRE
25, RUE DES GRANDS-AUGUSTINS
A PARIS

POÈTES CONTEMPORAINS

Volumes in-18 jésus, imprimés en caractères antiques sur beau papier vélin. Chaque volume, 3 francs.

Émile Deschamps	Poésies complètes.	1 vol.
Em. des Essarts.	Les Élévations.	1 vol.
Léon Dierx	Les Lèvres closes.	1 vol.
—	Poésies complètes.	1 vol.
—	Les Amants.	1 vol.
Charles Diguet	Refrains des belles années.	1 vol.
Dodillon.	Les Écolières.	1 vol.
—	La Chanson d'hier.	1 vol.
Auguste Dorchain	La Jeunesse pensive.	1 vol.
Jules Ferrand.	Rimes à temps perdu.	1 vol.
Élie Fourès.	Ondeline.	1 vol.
Anatole France.	Les Poèmes dorés.	1 vol.
—	Les Noces corinthiennes.	1 vol.
Charles Frémine.	Floréal.	1 vol.
—	Vieux Airs et jeunes Chansons.	1 vol.
Théodore Froment.	Rêves et Devoirs.	1 vol.
Gaston Garrisson	Le Pays des Chênes.	1 vol.
P. Ernest Gauthier.	Libres et pures.	1 vol.
J. Gayda.	L'Éternel féminin.	1 vol.
Albert Glatigny	Gilles et Pasquins.	1 vol.
Eugène Godin.	La Cité noire.	1 vol.
Léon Grandet.	Gui.	1 vol.
—	Jeannette.	1 vol.
—	L'Enragé.	1 vol.
Grandmougin.	Les Siestes.	1 vol.
Édouard Grenier.	Amicis.	1 vol.
—	Petits Poèmes.	1 vol.
Grimaud.	Petits Drames vendéens.	1 vol.
—	Fleurs de Bretagne.	1 vol.
Stanislas de Guaita	La Muse Noire.	1 vol.
—	Rosa Mystica.	1 vol.
Ernest d'Hervilly.	Le Harem.	1 vol.
Clovis Hugues	Les Soirs de bataille.	1 vol.
Louise d'Isole.	Après l'Amour.	1 vol.
—	Passion.	1 vol.
I. R. G.	La Volière ouverte.	1 vol.
Auguste Lacaussade.	Poésies.	1 vol.
Georges Lafenestre	Espérances.	1 vol.

Paris. — Imprimerie Alphonse Lemerre, 25, rue des Grands-Augustins.

www.ingramcontent.com/pod-product-compliance
Lightning Source LLC
Chambersburg PA
CBHW050657170426
43200CB00008B/1330